新潮文庫

サービスの達人たち

野地秩嘉著

目次

サービスの達人たち

ロールスロイスを売り続ける男

フロントグリルの先に羽根を広げた女神が乗っている車――ロールスロイスは安いもので二千二百万円、高いと四千三百万円する。もっともこれはオプション抜きの価格だから、「テレビは特注品にしたい」「シートは本革でしかもルイ・ヴィトン製がいい」といった注文をつけるとさらに百万や二百万は簡単にプラスされる。

国産車でもっとも売れているカローラ（二十二万三千二百四十四台、平成八年）が一台百五十万円前後だから、セールスマンにとってロールスロイスを一台売ることはカローラを二十台以上売るのと同じ額を稼ぐことになるわけだ。

ロールスロイス、ベントレー、フェラーリといった高級車の総代理店コーンズ・アンド・カンパニー・リミテッドのナンバーワン営業マン、飯島弘《ひろお》大営業課長は「予想以上に厳しい年だった」と言いながらも、平成八年も年間二十数台のロールスロイスを売った。くどいようだが、カローラに換算すれば年に五百台以上売っていることになる。国産車の場合、年間百台以上売ることがトップセールスマンの要件だから、飯島の働きはトップセールスマン五人分ということができる。

「いやいや、商品が違いますから単純な比較はできません。僕が国産車を売ったとしても全然だめかもしれない。また、高級車といっても、ベントレーやフェラーリはオーナーがご自身で運転されますから、趣味性の高い車です。そういう車は不況には強い。けれどもロールスロイスはオーナーが運転する車じゃありません。運転手さんが必要な車です。ですから主に買われるのは法人の方なんです。現在のように市場が縮んでいるときはよほど気を引き締めて売っていかないといけません。毎日が努力の連続なんです」

確かに、横並び意識の強い国日本では、戦後最大の不況といわれる今のような状況では、仮に自分のところは儲《もう》かっていたとしても世間の目が気になるから、社有車としてロールスロイスを買うのは勇気のいることに違いない。しかし、そんな状況でも飯島は実績を積み重ねている。では、いったい彼はどのようにして、世界一の高級車を売りまくっているのだろうか。

昭和三十一年に静岡で生まれた飯島は地元の中学を出た後に、高校、大学は東京で暮らした。子供の頃から車が好きで、十八歳になったとたんに免許を取り、中古のサニーで高校に通ったこともある。

「生まれて初めてロールスロイスを見たのは東京に来てからです。フロントグリルの先にあるフライングレディを見て、きれいだなー、これが世界で一番高級な車なのか、と感心した記憶があります」

むろん、そのとき、彼が将来その車を売ることになるとは思ってもいない。

大学の工学部を卒業した後、英国の高級車メーカーであるロータスに入社、メカニックおよびコモロゲーションといった職務に就く。コモロゲーションとは輸入した車を日本の排ガス規制などに合格させるため、資料を作成して運輸省（現・国土交通省）からの許可を得る仕事である。そして彼はロータスでひととおりの仕事を覚えた後、コーンズに誘われ、入社した。職務はあいかわらず技術畑。修理工場で顧客と対応するフロントマンだった。

彼がコーンズに転職した八〇年代後半は高級輸入車にとって黄金時代の始まりだった。バブル経済の予兆が高まるにつれ、ロールスロイスもフェラーリも売り上げを伸ばしていった。

平成九年度は百台前後の台数しか出ていないロールスロイスも、バブル絶頂の平成二年には千台近くも売れていたのだから。しかも当時の為替レートは現在より円安であり、一台の価格はゆうに五千万円を超えており、並行業者のなかにはコーンズが五

千万円で出していたのと同じ型式の車を堂々と、その五倍の二億五千万円で売ってい
たところもあった。そんな時代だったのである。

　昭和六十三年二月末、飯島はメカニックから営業へ移れという内々の辞令を受け取った。ふくれ上がってきた顧客の需要に対応するため、コーンズは四月から田町に東京ショールームを開設することになり、営業マンとして選抜されたのだった。彼はメカニックとはいえ、フロントとして客との対応に慣れていたから、異動を不服と感じることはなく、「やるぞ」という意志を持って新しい職場に移ろうとしていた。

　ところが異動を目前に控えた三月の末、思ってもみなかったことが起こる。

　妻が急死した。元気だった妻が突然、世を去ったのだった。

「三十歳でした。まだ若かったのに、突然のことで……。クモ膜下出血です。子供は上の女の子が九歳で下の男の子が五歳。残された私はただただ呆然《ぼうぜん》としました」

「頭が割れるように痛い」

　そう言った後、妻は食べたものをすべて戻した。飯島は急いで病院に連れていった。クモ膜下出血というと、そのまま意識を失い命を落としてしまう例が多いが、彼の妻の場合は軽度であり、意識もあった。すぐによくなり一度は退院したのだが、二度目の入院のときは頭を開けた。チューブが脳に張りめぐらされた。飯島は覚悟した。

「脳の出血を止めるために血管にクリッピングしていたんです。私の目に彼女の脳の内部が見えるんですよ。だめだな、正直にそう思いました。この状態を見ているのはつらい。何とかなりませんか、とお医者さんに言ったのですが、飯島さん、あなたはそう感じるかもしれませんが奥さんのお父さんやお母さんはどんな状態でも生きていてほしいと思われるかもしれない。自律神経もおかしくなっているから、もう二週間ももたないでしょう。じっと側《そば》にいてあげなさい……。そうさとされました。

家内は亡《な》くなる前に、『私のことを嫌いにならないで』と私に言いました。家内はもう自分でからだの調節が利《き》かないから、お漏らししたりしていたんです。それを私が片付けるたびに『嫌いにならないで』と言っていました」

葬儀を終えた後、飯島は仕事に戻った。ただ下の男の子はまだ五歳だったから、実家に預けざるを得なかった。彼は九歳の長女、佐知子の面倒を見ながら、生まれて初めての営業の仕事に取り組んだ。

「忙しく働いていれば気がめいることもないだろうと仕事に打ち込んだんです。それしかなかったですから」

彼は酒も飲まないようにして、仕事仲間の誘いにも乗らず、自分と小さな子供たちの生活を守るためにただ黙々と仕事を続けることを選んだ。

当時は、バブルの好景気にうかれた輸入車セールスマンたちの生活が、徐々に派手なものになっていった時代である。親しくなった客と一緒に銀座の高級クラブに繰り出したり、ロレックスの時計、アルマーニやヴェルサーチのスーツを身にまとって営業する者も少なくなかった。

「それが問題なんです。こういった高級車の商売をしている人間のなかには錯覚に陥る人間がいる。いつの間にか自分も羽振りがいいような気になってしまい、あくまで会社の代表として仕事をしなくてはいけないのに、お客さんと個人的な友達になってしまう人がいるんです。例えば『おい、俺のためにベンツのいいのを探してくれ』なんて頼まれて、個人で仕事をして、金をもらってしまう……。しかし、そういう人たちは必ず消えてしまいます。負債を背負ったり、トラブルを起こしたりして……。ですから私は部下にはお客さまとの間には一線を引け、ときつく言ってます」

そう語る飯島のスーツは国産品で五万円、靴は一万円ちょっと。時計も六万円だという。身だしなみはきちんとしているが、彼は高価なものは身につけていない。

プライベートでは不幸にあったが、飯島のセールスマンとしての生活は順調だった。ショールームに人が入ってくると、相手に買う気がないように見えても、挨拶《あいさつ》をし、押しつけがましくない程度に車の特長を話した。バブルも過ぎたある日のこと、二十代前半の若者がショールームに入ってきた。ロールスロイスやベントレーが並ぶところに足を運び、一台のフェラーリに見入るその客は場違いな人間に見えた。

「あんな子供に買えるはずがないよ」

そんな声も聞こえてきたけれど、飯島はいつものように名刺を出し、若い男に説明をした。若い男はそれからも飯島と話をするためにショールームに足を運んで来るようになった。若い男が現れてから一年半後のある日。

「飯島さん。フェラーリをください」

その若い男はインターンを終えて、勤務医になってすぐ、あこがれのフェラーリを買いにやってきたのだった。

「飯島さんだけが僕のことを客扱いしてくれた。僕が車を買うときは絶対に飯島さんに頼もうと思ってました」

それだけではない。次の年には彼の兄がフェラーリを買った。さらに彼の父もベントレーを買う。そしてその後も何人もの友人を飯島に紹介してくれた。

「僕は車がたくさん売れたことも嬉《うれ》しいんですが、それより、自分を評価していただいたという喜びの方が大きいんです」

飯島がセールスマンとして優れている点を分析すると三つの特長があげられる。

第一に商品の情報に強いこと。もともとメカニックをやっていた彼はロールスロイスに限らず車に詳しく、顧客はちょっとしたことでも相談することができる。

第二は客との距離をうまく取っていること。彼の説明にもあったように、高級品を売るセールスマンが陥りやすい失敗は背伸びしてお客とつき合っているうちに身分不相応の金を使うようになってしまうことだ。飯島のように常に自分を律することを忘れてはいけない。しかし、客からの誘いならばすべて断るといった頑固な態度でなく、時には客と食事をすることもあるという。あくまで節度を保ちながら客とつき合うことが大切なのだろう。

第三は若い客とのエピソードに表れているように、長い目で仕事をしていること。たとえ利益がすぐに見込めなくとも、長期的な視野で仕事を構築していく気概を持つこと。

飯島を観察していると、ほかにもいくつかの売るためのノウハウを持っていることがわかる。例えばオーナーに気配りするだけでなく、実際に使う運転手さんへのサービスも忘れない。言葉遣いは丁寧を心がける。時として「もっと砕けた話し方できないの」と言われることはあっても、丁寧に勝るものはないと彼は考えている。さらに、身だしなみだが、服装や靴だけでなく、爪《つめ》や歯の状態もきれいにしておく。高価な服を着るよりも、髪の毛を整える、いつも新しい靴下を履くといった細かな部分に清潔感を出すことを心がけているようだ。

　では、彼が考える「こうやれば売れる」というセールスの極意はあるのだろうか。

「そんな素晴らしい方法はどんな優秀なセールスマンも持っていないと思います。もし、あればみんながやっています。極意とか必殺技がないから誰もが毎日、セールスの勉強を続けているのではないでしょうか。ただし、私の場合は先方が買うか買わないかの線上にいるときに、落とすというか、買うようにそっと背中を押してやる技術は持っているようです。

　現在、ロールスロイスを買おうという方は勇気のある方だと思うんです。しかし、いざ、買おうとされて、私と話しているときでも、内心ではこんなにお金を使っちゃっていいのだろうかと自問自答されていると思うんです。そういうときに私は言います。人生は一度きりしかありません。お悩みになるのはわかりますが、買えない方が無理をされるわけではありませんし、値段を話し合うところまで来られたのだから、あとはさらなる勇気を持ってロールスロイスを買うことで、ご自身の世界がどれだけ広がるかをお考えになったらいかがでしょうか、と」

　飯島は強引に「引っ張り込む」ようなセールストークをするのではない。あくまで

「そっと押す」感じで最後の詰めをする。

「本当に人生は一度きりだと思うんです。僕は妻が死んだとき、人生はたった一度だから、後悔しないよう楽しもうと思いました。あのとき、自分の使命はふたりの子供を育てあげることだから、精いっぱい頑張るしかないと。しかし、無理して過労死するわけにはいかない。ですから休日はスキューバダイビングをやって、ストレスを発散し、人生を楽しみながら暮らしています」

現在、彼は自分で売るよりも後輩の指導に当たる時間の方が多くなっている。午前九時にはオフィスに出勤し、Eメールを開けて、部下たちへの伝達事項をチェックする。その後は部下の相談に乗ったり、外回りに出たりする。会社を出るのはショールームが閉まる七時以降であり、普通はまっすぐ帰るが、たまには外食することもある。一か月に少なくとも二台は売ることを心がけ、以前に売った顧客に手紙や電話で連絡し、定期点検や車検の際には車を引き取りに出かけ、そこで会話を交わす。

部下への指導も細かい。彼自身は煙草《たばこ》を吸わないが、自社の車を運転しているときや顧客の前では部下にも絶対に吸わせない。敬語のできない部下には自ら何度も模範を示す……。そんな飯島が部下として不適格だとはっきり思うタイプは、自動車を売っていながらよく事故を起こす人間だという。そういう人間は自動車会社よりほかの仕事をするべきではないかと助言したい誘惑にかられるらしい。彼は目についたことでいろいろと部下に注意をしているが、それでも、概して自分は部下の失敗には寛容な方だと考えている。

「僕も失敗はたくさんしています。例えば、車を取り換えたいというお客さんのところへ行って、つい、これはまだまだ十分走ります、とか、来年まで待った方がいいなんて言ってしまう。そうするとお客さんは、俺は買いたいからお前を呼んだんだ。なのに、なぜ余計なことを言うんだ……。確かにお客さんの懐《ふところ》具合を考えるのは親切なようでいて、ただのお節介なんです。

値段を下げるときの切り出し方だってとても難しい。普通は値段を下げないのですが、うちでも二千万円の車を場合によっては千八百万円にできることがあるんです。ですが、そういうときでも初めから下げた値段を口に出しちゃいけません。お客さんはありがたいとは思いません。もっと安くなると思うか、ひょっとしたら欠陥商品じゃないかと疑います。でも、いくつも失敗したからわかることもあるわけですから、部下には自分で考えてやってみろと言ってるんです」

飯島はインタビューに答えるときも背筋を伸ばして丁寧に受け答えする。

「子供が大きくなりましたから楽になりました。上は十九歳、下は中学二年生です。

上のお姉ちゃんが食事の支度も掃除もやってくれますから、これからはスキューバへ行く日数も増えると思います」

私はそんな親孝行な子供たちの話に弱い。よし、これから一生懸命働いて、ロールスロイスやベントレーは無理でもフェラーリを買うことにしよう。買うときはもちろん飯島さんから買おう。飯島さんを喜ばせてあげよう、飯島さんが笑顔で「ありがとうございます」と言うところを何としても見たい……。

彼から車を買った客は絶対にこういう気持ちになって判子を押しているに違いないと私は確信した。

＊

以上の文章はビジネス誌『プレジデント』に掲載された。雑誌が出てしばらくしてから私は飯島と電話で話すことがあった。

「あの記事を見たお客さんがすごく喜んでくれました」

お礼を言っていただけるのかな、私は仕事でやったことだから、あまり丁重にお礼を言われると申し訳ない気分になるな、と恐縮した。だが、飯島はお礼だけじゃない、と言う。

「いえね、あの記事を読んだ人材スカウト会社の人から、転職しないか、という電話もありましたし、講演をやらないか、本を出さないか、という話まで来ました」

「えっ、転職するんですか」

「いやいや、そんなことしません。でも、マスコミの影響力は大きいなぁ、と思ったのと、みんないろいろな商売を考えているんだなぁ、自分ももっと多角的な考えで仕事をしていかなくてはならないな、と大変いい勉強になりました。ありがとうございました」

またまた予期せぬことで感謝されて、私はありがたい反面、ふたたび恐縮して、身をちぢめた。

「飯島さん、一度、お宅へお邪魔してもいいですか」

「どうぞ」

「お子さんたちに会ってみたいと思ったものですから」

「どうぞ、私はかまいません。しかし、娘と息子の都合のいい時でないとねぇ」

結局、飯島邸を訪れたのは取材からしばらく経《た》った日になった。私の場合、取材した人と親しくなり、時々、食事をしたりすることになるケースは多いのだが、それにしても飯島のようなケースは珍しい。その珍しさとはわざわざ自宅まで訪ねてご家族に会うということを意味しているのだが……。

飯島家は埼玉にある。駅のすぐ近くで、職場までドア・トゥー・ドアで一時間ほどというから、便利な場所である。大学生の長女、中学三年の長男と暮らしている。一軒家であり、それぞれの自室、台所とリビングのある普通の木造家屋である。家のなかに彼の亡くなった奥さんの写真は一枚も飾っていない。

「うちのお父さん、世界で一番怖い人です」

佐知子さんは飯島に似て背も高く、大きな黒い瞳《ひとみ》が印象的だ。昔のフランスの女優、映画『男と女』に出たアヌーク・エーメに少し似ていて、少女の頃、何の心配もなくぐっすりと眠って育ったという感じの女性である。

「それはね、野地さん、私は男ひとりで育てなきゃいけないから厳しくしつけることにしたんです」

「それにしても……。野地さん、聞いてください。あたし、今でも門限があるんです。小学校の時は午後六時。中学と高校、いえ、十九歳までは午後七時。二十歳を超えてからでも、夜の十二時まで遊んでていいのは週に三回だけなんです。それに、五分でも遅れると、罰が待ってる」

「佐知子、五分くらいじゃお父さんも文句は言わないよ。何度も時間に遅れたからぺナルティを科したんだ」

「でも、一年間、テレビ見ちゃだめという年もあったんです」

私は親子の対立の真ん中に立ちすくんでいるような気がした。

「いえね、野地さん。この子は家ではいつもひとりだったでしょう。僕が海外出張ともなれば、一週間もひとりで家にいることになるんです。どうしてもすぐにテレビを付けちゃうでしょう。そうしたら勉強もしないし、他のこともしなくなる。だから、私がいるときしか見ちゃいけないと言ったんです」

佐知子さんは母を見舞いに病院へ行ったが、そのとき、すでに意識がなく、「あたしの方を見てもわからなかった」ことにショックを受けた。そして、病院の廊下で父親が弟に「これからは別々に暮らすことになる」と話しているのを立ち聞きして「いっそう悲しい気持ちになった」。

だが、いよいよ父とふたりで暮らすことになったとき、小学校高学年からは料理の本を買ってきて、見よう見まねで夕飯の支度を始めた。彼女が作るメニューはナスのチーズ焼きとかクリームあえのパスタといった、いかにも料理の本に載っているものであり、肉じゃがや野菜炒《いた》めのような普通の家庭の主婦がこしらえる料理とは多少、毛色が変わっていた。

「弟が中学生になって三人家族になりました。弟とはけんかしませんよ。年も離れているし、ずっと離れて暮らしていたからすごく仲がいい」

「えーと、お嬢さんの前ではちょっと聞きにくいんですが、飯島さんは再婚しようとは考えませんでしたか」

「何度も考えました。まず初めは妻が亡《な》くなった後、妻の友人がよくうちに遊びに来るようになったんです。晩ご飯のおかずを持って。その人が独身の人だったんです。あれは何とも困りました」

「お父さん、すごく冷たくしてたわよ。あたし、よく覚えてるもの」

「そんなことはいいから。その後はガールフレンドができて、この子たちも連れて旅行へ行ったりもしました。僕は隠したりしないんです。今、この人とつき合ってるからと家にも連れてきました。

ただ、結婚となると、僕も子供もOKなんですが、女性の方が考えてしまうようですね。ですから、今もガールフレンドはいますが、すぐに結婚しなくてもいいと思ってます。この子たちが独立して、私が五十歳を超えてから結婚すればそれでいいと……」

飯島家のなかはきれいに片付いている。食事は佐知子さんが担当し、掃除やゴミ捨ては長男の弘也《ひろや》くんがきちんとやっているようだ。飯島は会社や部下の話も子供たちにする。子供たちも学校や友達の話をお父さんにする。

「同年輩の人と話をすると、子供が遊んでくれない、とこぼす人がいますが、うちじゃ、家に帰ってきたら、子供たちが話しかけてきてうるさいくらい」

飯島はそう言って嬉《うれ》しそうに笑う。

佐知子さんは大学を選ぶ時、介護士か看護師になろうと思った。「お母さんが早くに亡くなったこともあったし、不況だから手に職をつけなきゃ」と考えた。

「お母さんが作ったカレーライスって具が細かかったんです。なんでこんなに小さく刻むんだろうと思うくらい肉もニンジンもジャガ芋も小さくしたカレーだった。今じゃちゃんとした具の入ったのを食べてます。でも、うちのお母さん、お父さんのことが大好きで、『幸せ、幸せ』と言いながらいつも体を動かしていた。幸せだって、いつつも言ってた」

「カレーの具が細かかったのは、あの頃が一番金のない頃だったからかなぁ。一度も海外旅行へ連れていったこともなかった。でも、彼女は幸せだったのか？　僕らふたりは中学生の頃に出会って、家内が二十一歳で、僕が二十三歳のときに結婚しましたからね」

それを聞いて私は「じゃあ、佐知子さん、もうすぐお母さんが結婚した年になるんですね」とつい、言ってしまった。何の気もなく。

そうしたら、飯島が「そんなことを言ったら娘が結婚しちゃうじゃないか」とでもいうように私をギロッとにらんだ。

それを合図のように私は立ち上がり、飯島家を後にしたのだが、まったく幸せな家庭でよかったと胸をなで下ろした。人は不幸のどん底からでもちゃんと復元する。それくらいたくましい精神を持った動物なんだ。不覚にも涙が出てきそうになったから、駅への道は歯を食いしばって、怒ったような顔で進むことにした。

東京っ子が通う「並天丼《てんどん》」の魅力

エビ、イカ、キス、カボチャ、シシトウ……、輝くようなササニシキとコシヒカリのブレンド米の上に、からりと揚がった五つの天タネがのって、何と四百九十円。天ぷら専門のファストフードチェーン「てんや」が出す並天丼は都心の喫茶店におけるコーヒー代より安い。

天丼と言えば天ぷら屋かそば屋の専売特許と思われていたのが、平成元年に一号店を出した「てんや」は、十年ほどで首都圏に九十八店舗を持つまでに成長し、一か月で百万食の天丼を売り上げるようになった。競合する「丼丼亭」などの売り上げも計算に入れると、ファストフード天丼は、わずか八年で月間百五十万食というマーケットを獲得したことになる。

「天ぷらは油っこい食べ物としてのイメージが強く、近年のヘルシー志向に合わない時代後れの料理と思われていました。実際、うちがやると言ったときも、どうせだめだという声が多かったんです。ですが、うちでは衣を薄くし、かりっとクリスピーな食感を持たせたことで、スナック的な食品にしたわけです。つゆも薄味ですから、ダイエットを気にする若い女性のお客さんにも好評ですよ」

「てんや」の取締役で広報担当の近藤博通は「本当に天丼が好きな人には物足りないくらい、あっさりした味と、そして価格の安さがポイント」とつけ加える。エビは東南アジアで養殖したものを、現地で背わたを取り、形を整えて冷凍、野菜もカットしたものを冷凍して輸入する。店のなかで加工作業は一切行わず、袋から出してマニュアル通りに衣をつけて揚げればいい。「てんや」ではベルトコンベア方式の自動フライヤーを考案し、アルバイト学生でも簡単に天ぷらが揚げられる仕組みを開発した。確かに店内も油の匂《にお》いはせず、明るい清潔な雰囲気だ。牛丼チェーンよりよほどファッショナブルで、これなら若い女性でも気軽に天丼が食べられるだろう。天丼の上にのっている天ぷら自体も関西のそれのように、薄い衣で白っぽく揚げられており、つゆも上からさっとかけてあるだけ。甘辛いつゆにどっぷり浸してある、しなっとした衣の江戸前天丼を見慣れている人には別種の食べ物に見えるかもしれない。

こうしたファストフード天丼の勃興《ぼっこう》に比べ、江戸前天丼も、そして、それを供する天ぷら専門店も影が薄くなっている。平成五年、グルメ雑誌『ｄａｎｃｙｕ』が読者に人気メニューアンケートを行ったところ、一位、寿司《すし》、二位、ラーメン・そばに比べ、天ぷらは十一位と元気がない。また、都内にある寿司屋が新店を増やしているにもかかわらず、天ぷら専門店の数はここのところほぼ変わっていない。だいたい、新興住宅地に寿司屋はできても、天ぷら専門店が開店しているところなどまず見かけないのだ。

料理ジャーナリストに、天ぷら屋の将来を尋ねてみると、生き残るにはふたつしか道はないという。ひとつは手間のかかるわりに儲《もう》からない天丼をやめ、高級なお座敷天ぷら屋になること、もうひとつは、刺し身や焼き物もメニューに加えた和食割烹《かっぽう》に転向することだという。

そんな天丼受難の時代に、江戸前のタネを使い、あえて高級店を目指さず、地元に密着し、しかも、リーズナブルな値段の天丼を出している店が東京には今もいくつか存在している。

湯島の「天庄《てんしょう》」、千駄木の「天米《てんよね》」、墨田区両国の「天亀八《てんかめはち》」、台東区日本堤の「土手の伊勢屋《いせや》」……こうした店は今もせいぜい千数百円という値段の江戸前天丼を守り続けている。

なかでも千代田区神田淡路町交差点そばの天ぷら屋「天兵」は、近所に住む人たちが千円の並天丼をかっこみに来る庶民の店である。家族経営で、一家は店の上に暮ららし、地元の神田祭りにも欠かさず参加している。十一時半の開店を待ちかねた客たちは入り口前に列をつくり、井戸端会議をしながら並んでいる。昼の営業時間にはおよそ九十食の天丼が出るが、ほぼ六割はエビ、魚、かき揚げののった並天丼である。

鍋《なべ》の前に立つのは井上孝雄《たかお》。昭和二十六年生まれ。宮澤《みやざわ》喜一元首相も通った都内有数の進学校、私立武蔵《むさし》高校から明治大学文学部に進み、卒業後、入店。明治生まれの頑固な天ぷら職人、実父の井上兵次に厳しく仕込まれた。大学を出た二代目のなかには、腕のいい職人を採用し、経営に専念するものも多いが、彼はまるで二子山親方と若貴《わかたか》兄弟のように、親子の縁を切り、自分の父親に弟子入りした現場志向の人間である。

「天兵」の天ぷらはのれんに「独特かや揚げ」と書いてあるようにオリーブの実に似たカヤの実から搾《しぼ》った油にゴマ油などをブレンドしたものを使っている。江戸前のゴマ風味を残しながら、カヤ油のおかげで胃にもたれない軽い味となっているのだ。

歌舞伎《かぶき》作者の河竹黙阿弥《もくあみ》を曾祖父《そうそふ》に持つ早稲田《わせだ》大学名誉教授の河竹登志夫《としお》は、四十年近くこの店に通う常連だが、「天ぷらは江戸の味というより、明治以降に完成された東京の味」と語る。

「子どもの頃に食べた江戸前天丼はゴマの香りがつーんとして、きっと今食べたら胸やけするよ。もう、あの味をそのまま残してる店はないんじゃないか。それに近頃、江戸前、江戸前と言うけど、私はどうも、江戸っ子でございというのが嫌いでねえ。亡《な》くなった池田弥《や》三郎《さぶろう》さんが、『オレは江戸っ子でなく、東京っ子だ』と言ってたけど、ここの天ぷらはまさしく、見栄《みえ》のない、実質本位の東京の味だと思う」

近くにある、せんべいや「みどりや」の市村久男《ひさお》、将子《まさこ》夫妻も「天兵」の熱烈なファンである。

「胸やけしないのよ、いくら食べても。それにこの店、偉そうじゃないのよ。うちみたいな商人（あきんど）は贅沢《ぜいたく》は敵だってとこあるから、銀座だ新橋だって、あんまり高級なとこ行けないの。あと、ここのおばちゃんがいいわね。あの笑いが客を呼ぶのよ。味？　味は近所の人たちが、二代目は上手になったって言ってるから、きっとおいしいんじゃない」

そうした、毎日のように天丼を食べに来る常連たちのチェックを受けながら、二代目は黙々と天ぷらを揚げている。

天ぷらが歴史に登場したのは江戸時代初期にさかのぼる。ポルトガルより製法が渡来したとはいうものの、確かなことはわかっていない。わかっていることは、当時、天ぷらと称していたものは、白身の魚をすりつぶし小判形にしたものを焼くか、少量の油に泳がせたものだったということだ。油が大量生産できなかった時代のこと、ゴマ、カヤ、ツバキ、大豆から取った油は食用というより、あくまで明かり取りのためであり、たっぷりの油でからっと揚げることなど不可能だったのだ。徳川家康《いえやす》が京都の商人、茶屋四郎次郎にタイの天ぷらをすすめられ、食べ過ぎて死んだという話は有名だが、それも、すり身にしたものか切り身を素揚げしたものと推定される。

江戸中期、元禄時代になると、市中にそばやうどんといった屋台の煮売り屋が登場、料理茶屋も現れる。ここでのメニューに天ぷらが登場しているが、これもまだすり身揚げが主体だったようだ。現代のような衣がついた天ぷらが出てきたのが、やっと江戸の後期、文化文政時代になる。この頃には車エビ、芝エビ、コハダ、白魚などの羽田から葛西《かさい》に至る江戸湾河口で獲《と》れた魚介を江戸前と呼び、それを天タネにとりいれるようになった。

明治になると文明開化の号令の下で、庶民生活に大変革がおこる。とくに明治三年から五年の間には、廃藩置県、陸海軍の設置、散髪と脱刀、四民平等宣言、太陽暦の採用……と軒並みの構造改革があったが、食生活のうえで庶民が大ショックを受けたのは、明治四年十二月に発表された明治天皇の肉食宣言だった。天武天皇以来、千年近くの間、タブーだったことがあっさりとなくなってしまい、目からうろこの落ちた庶民たちはさっそく食卓にけものの肉をあげた。以来、日本人の食卓には、和食、洋食、中華そしてエスニックが拮抗《きっこう》して存在することになる。そうしたなかで、天ぷらは寿司と並んでごちそうの筆頭にあり、東京市民が外食に出かけるときのお目当てだった。

明治三十四年に出た『東京風俗志』によれば東京市には料理店四百七十六軒、飲食店四千四百七十軒があり、主な業種としては、店が多い順に、「鮓《すし》、汁粉、蕎麦《そば》、天ぷら、蛤鍋《はまなべ》、牛肉、軍鶏《シャモ》、鰻《うなぎ》等……」とあるから、天ぷらは当時の東京の代表料理だったことがわかる。江戸も末期になると、巨大かき揚げで有名な新橋の「橋善」が創業している。屋台が中心だった天ぷら屋がカウンターと小上がりを持つ現在のようなスタイルとなったのがこの頃だ。そして、天丼が登場したのが同じ時期で、こうした老舗《しにせ》の一軒で、天ぷらそばにならって考案されたという噂《うわさ》だけが伝わっている。

さて、明治三十五年には「天兵」の先代、井上兵次が佐賀県西有田町に産声《うぶごえ》をあげた。実家は有田焼の窯《かま》に使う薪《まき》を商っており、兵次は小学校に上がるか上がらないかの頃から窯元へ薪を運ぶ仕事をやらされた。大正八年、十七の年まで、荷車引きの愛馬アオと一緒に有田の窯を回り続けた兵次は「このまま薪の配達をしてたんじゃうだつが上がらない」と出奔を決意。一日の配達を終え、集金した金を懐《ふところ》に、彼のそばを離れようとしないアオの尻《しり》を蹴飛《けと》ばし、自分は有田駅に直行、三等車で東京へと向かった。

東京に出てきた兵次が見つけた仕事は今でいう宅配便、有田にいた頃とさして変わらない荷物運搬業だった。やってはみたものの上京したての兵次にとって東京の地理は皆目わからないし、方言が強いので、道を尋ねてもわかってもらえない。「こんなことなら……」と愚痴をこぼしつつ大八車を引く毎日だった。

そんなある日、そば屋に入った兵次は、隣の人が食べていた丼ものがやけにおいしそうに見え、自分も同じものを注文し、そして一口食べたとたん、彼は目を見張った。

「こげんうまかもんがこの世の中にあったのか」

それが兵次が初めて食べた天丼であり、天ぷらだった。彼の生まれ故郷の有田で「天ぷら」と言えばさつま揚げのことであり、魚介の衣揚げなど見たこともなかったのである。

その日以来、兵次は町を巡りながら、天ぷら屋の前に来ると必ず、従業員募集の張り紙を探すのが癖になってしまった。そして天丼との遭遇から一年ほどたった大正十年の八月、神田駅前の老舗「天米」に、晴れて住み込みの小僧として入店することができた。時に兵次、十九歳、職人の見習としては遅いスタートだった。

当時の天ぷら屋は「天米」に限らず、「内店《うちみせ》」と呼ばれる室内の席と、「屋台」と呼ばれる道に面した半露店の立食席を持っていたところが多かった。兵次が配属されたのは、値の張る「内店」でなく、庶民的な「屋台」であり、彼は兄弟子の横に立って、道行く人に声をかけながら、魚をさばいたり、うどん粉（小麦粉）を溶いたりといった仕事をさせられた。

当時の卸売市場は現在のように築地《つきじ》でなく、日本橋（大正十二年まで）で、兵次の朝一番の仕事はまだ陽の出ないうちから大八車を引いて河岸《かし》へ行き、江戸前の小魚を仕入れてくることだった。今でも、創業が大正以前となる天ぷら屋の老舗が日本橋、神田、せいぜい新橋までにしか存在しないのは、日本橋から大八車で引いてきて、魚の鮮度の落ちない距離がせいぜい三里、十二キロだったからだ。

兵次が屋台の職人となった大正期になると、天タネも今と変わらないようになり、ギンポ、キス、メゴチ、アナゴ、ハゼといったものが加わり、かき揚げも一般化した。肝心なことは、江戸前天ぷらを標榜《ひょうぼう》する店では決して野菜は揚げなかったことである。かき揚げに三つ葉を入れるくらいのことはあっても、ピーマンだ、サツマ芋だ、まして、ゴボウとニンジンだ、などというものは、精進揚《しょうじんあ》げという、まったく別種の食べ物であり、惣菜《そうざい》屋のメニューとされていた。今でもその精神は江戸前を守る店に生きている。「天亀八」ではいまだに野菜を揚げないし、「天庄」では、かき揚げに三つ葉も入れない。具は冷凍でない活《い》けの巻きエビだけであり、厳密に言えば、江戸前のかき揚げとは具を一種類しか使わないものなのだ。

兵次が仕入れてきた材料が店に届いたら、今度は仕込みが始まる。路上に置いた戸板の上にエビや小魚をのせ、職人たちは四方からてんでに殻をむき、背わたを取っていく。それが済むと今度は井戸水を汲《く》みに近所の井戸へ走る。うどん粉を溶く水の温度は十二から十三度がもっとも好ましい。その温度だと粉に含まれるグルテンが活性化せず、からっとした天ぷらが揚がるからだ。そして、温度は年中、一定しているとなおいい。それで、兵次は町内にある井戸のうち、どれが最適かを研究して回らなくてはならなかった。仕込みが済んだら、やっと開店。油はゴマ油にカヤ油を混ぜたもの。揚げ方は現在よりも、衣も厚く、そして高温でやや長めにじっくりと油にくぐらせた。屋台の卓上には丼《どんぶり》に入った天つゆと大根おろしがいくつかのっている。客たちは天ぷらを頼むとそれぞれ手近のつゆにひたし、めしの上にのっけて食べた。大根おろしはつゆに入れず、口直しとして、最後に口に放り込む。油の精製が今ほど進んでいない時代だったから、胸やけを防ぐのには大根おろしが不可欠だったのだろう。

そして、屋台の職人は調理だけでなく、勘定も把握していなくてはならない。

「酒二本と天ぷら三つ、それとめしでいくら？」と声がかかったら、揚げ箸《ばし》を下ろして鍋の火を弱め、素早く暗算して「へい、一円と二十銭です」と答える。そして、水溶きのうどん粉がこびりついた指で、前掛けのなかからつり銭を探り出し、客に渡す。その間、目は油の煮え具合を注視しなくてはならない。入ったばかりの兵次も屋台という気安さのせいか、とくに技術を教わることもないまま、兄弟子が用足しで揚げ場を離れたときは鍋の前に立たされた。

「こりゃ、生だぜ」、「おい、白魚はこんなに火を入れちゃうまくねーぜ」……と、目の前の客に教わりながら、天ぷら職人としての修業が始まった。もっとも、天ぷらという料理は煮物などと違って、途中で味見のできないものだから、とにかく揚げてみて、その感覚を覚えるほかはない。兄弟子が教えてくれたコツはたったひとつ。油の温度を一定に保つこと。コークスを燃料としていた明治時代には、油がたぎると、鍋を火から外し、温度を下げていたと聞き、兵次はガスの火をこまめに調節することが天ぷらの極意ではないかと考えた。

仕事は忙しく、厳しいものだったが、兵次は幸せだった。有田にいた頃は麦めしと芋めししか食えなかったのが、「天米」では、見習であっても、白いご飯が腹いっぱい食べられる。給料は雀《すずめ》の涙だったが、極楽にいる気分で、それ以上の望みはなかった。兵次の屋台勤めはそれから二十年、昭和十五年まで続いた。彼とても早く独立したかったのだが、何せ金がない。もうちょっとうまく立ち回るタイプだったら、親方の娘を手に入れ、店を持たせてもらうこともできたのだろうが、不器用な彼にそんなことは到底できなかった。

「このまま職人で終わるのか」と悩んでいた彼に当時の金で二千円という大金（公務員の初任給が七十五円の頃）を出し、「うまい天ぷらを食わせてくれ」と言ってくれたのが、「天米」の常連で鉄鋼問屋の部長をしていた大西さんだった。兵次は感激し、店を探し、やっと見つけたのが淡路町交差点脇《わき》の今の店である。しかし、時代は兵次の独立に味方しなかった。昭和十五年と言えば太平洋戦争が始まる前年であり、ヨーロッパではヒトラー率いるナチスドイツがパリを落とし、破竹の進撃を続けていた頃だ。九月には日独伊三国同盟が調印され、開店したばかりの兵次の店にも軍服姿の客が頻繁に目につくようになった。そして、翌年、開戦。海外からの食料輸入は困難をきたすようになり、東京、大阪といった主要都市では米、みそ、醤油《しょうゆ》といったものが通帳による配給制となり、戦争が進むにつれ、庶民の食卓には満足な量が届かなくなってきた。

兵次もできるだけ店を開け、天ぷらを揚げ続けたかったが、手元にあったのは、油とうどん粉だけ。東京湾で釣ってきたショウサイフグを揚げて天ぷらにするくらいはできるが、空襲が激しくなると、船を出すことさえ危険だ。このままでは食いっぱぐれると思った彼は発想を変えた。農家から手に入れたジャガ芋を具にしたポテトカレーと、うどん粉に揚げ玉を入れて作ったすいとんを売ることにした。そんなわけで戦争の間、のれんにこそ、江戸前天ぷらと白く染めぬいてあったものの、列をつくった人々に彼が供したのは、わずかばかりのジャガ芋が入った、まっ黄色のカレーだったのである。

終戦後、兵次はすぐに店を再開、天タネは少なかったが、やはりカレーやすいとんよりせっかく培《つちか》ってきた技術を発揮できることが彼にとっては喜びだった。

戦後の天ぷら業界において、特筆すべきことは野菜を揚げるのが一般化したことだろう。戦前から銀座の「ハゲ天」では、シシトウ、ナス、レンコンといったものを揚げて、斯界《しかい》の話題となっていたが、戦後はどこの店でも、それが当たり前になった。しかし、兵次は頑として野菜揚げを認めず、「ニンジン揚げてくれ」という客には「うちに帰って女房にやらせなよ」とまったく相手にしなかった。彼の店が野菜を揚げるようになったのは、兵次が引退した昭和五十八年以降のことになる。

野菜を出す傾向は食生活のヘルシー志向ともあいまって日本の野菜から洋野菜へと

拡張し、昭和四十年以降はアスパラガス、セロリ、ブロッコリといったものが加わった。近年では、ベビーコーン、ミョウガ、マツタケ、ウドといったものから、コンニャク、酒粕《さけかす》、チーズまでが天タネ化している。また、つけ加えると銀座「天一」で始まった天ぷらを塩やレモンで食べることも同じように一般化し、最近では、粉山椒《こさんしょう》、カレー粉、さらには抹茶までも揚げたての天ぷらに添えられるようになってきた。

さて、昭和二十六年一月、二代目の現主人、孝雄が生まれた。当時、兵次の店で出していた天丼《てんどん》の値段を見てみると、並、百五十円、中、二百円、上、三百五十円。同じ頃、江戸前寿司《ずし》の一人前は七十円だったから、昭和三十年代までの天丼は寿司以上のごちそうだったことがわかる。

孝雄たち家族の住まいは店の奥にある階段から上がる二階にあった。カヤ油の匂《にお》いのなかで暮らし、受験勉強をした孝雄は明治大学文学部に進み、中村光夫《みつお》、平野謙、本多秋五といった名物教授から文学を教わったが、彼が気になったのは江戸文学と町民の生活だった。

「勉強はしてないよ。気になった程度。学生運動の頃だもの。ストで学校やってないから、毎朝、親父《おやじ》について河岸へ行ってた。天ぷら屋を継ぎたいと思ったんじゃなくて、築地に行くとうまい朝飯出してる食堂がいっぱいあるから、行っただけ」

孝雄は大学を出た後、できれば詩人、それが無理なら舞台美術家になりたいと思っていたが、ひとりの先輩から忠告されて、考えを簡単に変える。そして卒業式の朝、兵次の前に座り、畳に正座して父親に手をついて頼んだ。

「明日から天ぷらの修業をしたいんです。どうかよろしくお願いします」

「よし、わかった。明日からオレはお前の親じゃない」

昭和四十八年、ウォーターゲート事件と石油ショックの年、孝雄の修業が始まった。

「お前は経営者になるんじゃなく、職人になるんだから、現場のことは何でも知ってなきゃならない」

そう父親に言われた孝雄が命ぜられたのは、出前、皿洗い、飯炊《た》き、おしんこの漬け方……といった下働きの仕事。兵次本人は実は大した下働きもやらず、すぐに揚場に立ったのだが、戦後生まれの後継者には、スパルタ教育が必要と見抜いていたのかもしれない。一年たち、二年たっても、孝雄はまだ鍋の前には立つことができず、魚の下ごしらえを教わるだけだった。三年目のこと、客に出すイカを仕込んだ後のゲソを従業員の賄《まかな》い用に揚げたのが孝雄のデビューだった。初めて息子の天ぷらを食べた父親はうんともすんとも言わず、表情も変えない。孝雄にわかったのは、親父は少しも満足していないということだった。さらに二年の間、孝雄はゲソと野菜の切りくずを揚げることに専念する。時にエビやアナゴ、かき揚げにも挑戦したが、兵次のそれと比べると何ともみすぼらしい出来だった。兵次の教え方はシンプルで、孝雄の作品を味見して、だめなときは無視する、もっとだめなときは揚げ箸で叩《たた》くというわかりやすい方式だった。孝雄はサーカスのライオンが火の輪くぐりを覚えさせられるように、頭でなく、体で天ぷらの揚げ方を教わった。

「何度で何分間揚げろとか言うでしょう。そんなの通用しないんですよ。粉だって、ちょっと出しときゃすぐにしけっちゃうし、その時その時の材料の状態をつかんで、火の加減をし、揚げ方を変えるのがプロなんですよ。衣のつけ方だって、キスは薄めでアナゴは厚め、なんてとこがありますが、それも材料次第。結局、天ぷらは油に入れた瞬間に味の八割は決まっちゃうんですね」

修業を始めて五年目の春、孝雄の婚約が整い、仲人《なこうど》夫妻が天ぷらを食べに来た。その時、父親は初めて息子に花台を譲り、ひとりで揚げさせた。エビやキスはまあまあの出来だったが、アナゴを鍋に入れた瞬間、蛇がとぐろを巻いたようにまんまるになり、見事な失敗作ができあがった。それでも、次の日から、息子は父親に代わって、時々花台を仕切るようになり、それから数年の間、「天兵」はタッグマッチで客を迎えるようになった。

そんなある日のこと、昼食の天ぷら定食を食べていた常連の公認会計士が血相を変えて、カウンターに突進してきた。

「今日のかき揚げ、誰が揚げたんだ」

「はい、私です」

孝雄が蚊の鳴くような声で答えたら、常連客は顔をくしゃくしゃにして泣き出した。

「そうか、よかった。もう大丈夫だ。ずいぶん長い間、まずい天ぷらを食わされたけど、やっと一人前になった」

兵次は横でその言葉を聞いていたはずだけれど、それでもやっぱりうんともすんとも言わなかった。

しかし、それから数日後、父は息子を呼んだ。

「あいつの言う通り、かき揚げができるようになったら一人前だ。だからオレはもう揚げ場には立たない。買い出しや仕込みはやるが揚げるのはぜんぶお前だ」

以来、父親はのれんをあげている間は店を出て、自分の部屋にこもるようになった。おなじみさんから「兵ちゃんどうしてる？　呼んでくれない」と言われても明治生まれの職人は頑として店に顔を出さなかった。

「オレは松の木だ。いっつも緑でいなくちゃいけないもんだから、枝ぶりが悪くなったら、人様の前に立っちゃいけねえんだ」

そう言い、昭和六十三年に脳溢血《のういっけつ》で死ぬまで、彼が熱中したのは競馬と孫の相手だけだった。

「天兵は何たって品物がいい。安いしねえ。二代目の話術もいい。研究熱心だし。最後になるけど味もいいよ。今、昔からの店はお座敷天ぷらにするとこ多いのに、あそこはあいかわらず大衆の店だからなぁ」

そう言うのは「天兵」の仕入れ先で、天タネ用の活け魚を扱う、築地、邦栄《ほうえい》水産のシマさんこと島方信好《しまかたのぶよし》と、タケさんこと山村武雄《たけお》。

「築地には卸が千五百軒くらいあんだけど、天ぷら屋に活けの魚を卸してんのは、まあ、十軒か十五軒じゃないか。江戸前のギンポやメゴチっていうのは数も少ないし、築地から魚を仕入れて天ぷら揚げる店は減ってんだよ。うちから活けの魚買って、天丼一杯千円じゃ無理だもの。ファミリーレストランなんかが安くやってられんのはエビでもキスでも海外で買いつけてるからだよ」

「天兵」の天丼は醤油で煮染《にし》めたような黒めの色だが、見た目ほど味は濃くない。衣もつゆにたっぷりとつけてあるので、早くかき込まないと、クリスピー感は消えてしまう。今はやりの薄い衣でなく、厚めのそれだが、衣の表面とタネの間にあるマシュマロのような層につゆがしみ込んでいるのでご飯にはよくあう。腹持ちのいい天丼だ。

江戸前の魚が数を減らし、値段が高くなるなかで、井上孝雄はその日その日の安い魚を探すことで、何とか天丼を千円で抑えている。また、天タネに野菜を増やすだけでなく、江戸時代のタネを現在に生き返らせる試みも始めた。例えば今は寿司ネタとしてしか食べないコハダはもとは天タネだった。彼はコハダを海苔《のり》ではさみ、さっと揚げたものを食べさせる。また、天ぷらの原形であるすり身揚げも自分のものにした。芝エビやシャコをすりつぶしたものを練って軽く揚げたそれは、すでに「天兵」の味として定着していると言っていい。ほかにも、サヨリ、ホウボウ、小ダイ、子アユ、カニの甲羅にすり身をつめたもの……、どれも孝雄の代になって始めたものだが、カニの甲羅揚げを除いてすべて江戸時代にも食べられていたものをアレンジしたものだ。

三月の終わり、「天兵」のケースに江戸前の代表的天タネであるギンポが入った。幻の魚と呼ばれるほど旬《しゅん》が短いその魚は、築地全体で十キロ入れば珍しいともいわれるくらい、今では希少なものになっている。ギンポは骨が多く、背ビレが硬いので、割くのに手間がかかる。ギンポを割けるようになれば一人前といわれるほど職人泣かせの魚でもあるのだ。

「天ぷらは家でだってうまく揚げられるよ。鍋《なべ》にタネをいっぱい入れなきゃね。家だとつい、たくさん入れちゃうでしょう。あれじゃ揚げてるというより、油で煮てるようなもんだよ」

私はそんなアドバイスをしてくれた二代目が揚げてくれたギンポを、さっと天つゆにつけて口へ運んだ。ぷりぷりした弾力は感じたが、正直に言って、それほど美味と呼べる味ではない。淡泊で、何ともあいまいな味がする。ちょっとハモに似ているかもしれない。「これが春の味なのか。この後に初ガツオを食べて、それで少したつとアユの季節がくる……」

遠い江戸を想《おも》って、そんなロマンチックなことを考えていたら、せんべいの「みどりや」の夫婦が入って来て、「中ふたつ」と威勢よく注文した。小上がりに向かい合って座ったふたりの前に丼《どんぶり》が運ばれてくる。おばさんは蓋《ふた》を取るなり、上にのっかっていたエビをどかして、つゆのかかったご飯の塊をすくい上げると、おじさんの丼に押し込んだ。おじさんはふっと微笑する。何の会話も始まらないまま、ふたりは「はっはっ」と息を吐きながら天丼をかっこんでいる。

その様子を見ていたら、天丼というのは江戸前と気取って、粋《いき》に食べるもんじゃなく、湯気の出る愛情を一刻も早く胃のなかに入れるものだということがよくわかった。

ナタリー・ウッドの背中を流したかった

「三助？　もういないよ。今時、従業員を雇えるような風呂《ふろ》屋があるわけねーだろ。オレが最後に流しをやったんだって、もう三十年以上も前のことだぞ」

学生の街、早稲田《わせだ》に近い新宿区落合にある鉄筋四階建ての銭湯「松の湯」。主人のいっちゃんこと、すでに古稀《こき》を超えた笠原五夫《かさはらいつお》は業界では流しと呼ぶ三助からスタートし、今ではコインランドリーやシャワーを併設する複合型銭湯のオーナーとなった。敗戦の名残が消え、日本が高度成長へと向かっていた昭和三十年代、各町内の銭湯は大勢の客で溢《あふ》れかえり、そのなかを三助たちがへちま片手に飛び歩いていた。笠原五夫はそうした風呂屋がもっとも活気づいていた時代に活躍し、そして今はもう絶滅してしまった三助体験者の残り少ないひとりである。

東京都内の公衆浴場は戦前、二千八百軒あったのが、第二次世界大戦による焼失と廃業で昭和二十一年には四百軒まで激減した。戦後の復興とともにその数は上向きに転じたが、それも束の間《つかま》で、昭和四十三年の二千六百八十七軒をピークに、以後ずっと減り続け、平成六年末には千六百二軒、この一年間で六十七軒が廃業している。

減少の理由は実にはっきりしている。自家風呂の保有率が九三％を超え、銭湯にはほぼ老人しか来なくなってしまった。平均的な銭湯の場合、昭和三十年代には一日千人の客で溢れかえったのが、今では百五十人入ればいい方だという。そして固定資産税の負担は重く、燃料代、電気代もばかにならない。それでいて入浴料はひとり四百五十円。ここのところ値上げを繰り返しているが、それでも経済的には苦しく、従業員を雇う余裕なんて少しもない。

いっちゃんが経営する「松の湯」もまた例外ではなく、夫婦ふたりで朝から深夜まで働いている。毎日、手分けして浴場と脱衣場をデッキブラシ、モップ、ぞうきんで掃除し、湯を沸かし、薬湯に入れる漢方薬を調合し、番台に座り、コーヒー牛乳やウーロン茶を売る。食事ものんびり食べる暇はない。第一、夫婦が顔を合わせる時間がとれないのだ。

「風呂屋に勤めてたときの方がよっぽど楽だったよ。今は暇もないし、金もないし、女もいないし、たまに酒飲んで夜中に帰ってきても、かあちゃんはオレが掃除するところ必ず残しとくんだよ。思えば、流しをやってた頃がオレの黄金時代だったんだよなぁ」

　昭和十二年、笠原五夫は洋食器の町として有名な燕市《つばめ》のそば、弥彦山《やひこやま》を望む新潟県西蒲原《にしかんばら》郡巻町に七人兄弟の五男として生まれた。小柄だが力の強かった彼は、行商をやっていた母を子供の頃から手伝い、リヤカーに野菜を積んでは配達に走り回った。第二次世界大戦が勃発《ぼっぱつ》し、東京が空襲にあうようになってから、いっちゃんの通っていた小学校には、戦災をのがれて疎開《そかい》してきた子供たちが転入してきた。そういった子供たちの親の多くは農家の次男、三男で、農業では食えないので風呂屋になろうと上京した男たちだった。東京の風呂屋には新潟、富山、石川という北陸三県の出身者が圧倒的に多く、それも同じ村から地縁、血縁を頼って上京したものがほとんどである。都会の子供たちはあか抜けた服装をしていたし、なかには、その頃田舎ではまず見たことのない革製のグローブとミットを持っている子もいて、いっちゃんはそれに憧《あこが》れた。そして「東京に行って一旗揚げよう」と心に決めた。昭和二十八年、中学校を卒業したいっちゃんはトランクにわずかな身の回りのものを詰め、深夜、家の裏口から抜け出した。疎開を終えて東京に戻っていた友人のヒロちゃんに手紙を出して「家出したい」旨《むね》を伝えたところ、「うちで働けばいい」と返事が来たからだった。上越線に乗って東京へ向かいながら、十五歳のいっちゃんは車窓から遠く離れてゆく弥彦山に「どうか金持ちにしてください」と願をかけた。

着いたところはヒロちゃんの実家である大森の大江戸湯（仮名）。今はないが、当時の大森では規模の大きな銭湯だった。親方は息子の友達が新潟から東京見物にやって来たものと、最初はにこにこしていたが、家出と知って一転激怒した。しかし、いっちゃんの働く意志の強さを理解し、親元と連絡をとったうえで、見習の小僧として一月千五百円の給料で雇ってくれることになった。NHKラジオの連続ドラマ『君の名は』が人気の年で、放送時間になるといつも女湯は空っぽになっていた年だった。当時、公務員の初任給は八千七百円、日雇い労働者の日給は四百七十円だった。

「奉公人だよ。従業員なんて格好のいいもんじゃない。だいたいその頃風呂屋では『勤める』なんて言葉は使わなかった。『修業に入る』と言ったもんだ。でもオレの上の世代はもっとすごいぞ。『わらじを脱ぐ』なんて言ってたから渡世人みたいなもんだ」

当時、一般的な風呂屋は主人夫婦のほかに、釜《かま》を焚《た》き、流しをやる男衆が三人、脱衣場で子供の着替えを手伝ったり、台所仕事をする女衆が三人というのが標準だった。いっちゃんの上司は沖縄生まれで五十歳を越していた大城さん、そして兄貴分が鶴見《つるみ》生まれの遊び人で二十歳になったばかりのケンちゃん。ふたりとも明るい人柄であり、新潟から出てきたばかりで鈍くさいところを残したいっちゃんを可愛《かわい》がってくれた。

開店時間は現在より早く午後二時からで、営業は夜中の一時頃まで続く。従業員たちがしまい湯に入り、掃除をし、夜食を食べて床につくのは三時になってしまうから大変なハードワークだった。

朝九時に起きてコッペパンをかじると、ケンちゃんとふたりで「ごみ取り」と呼ばれる風呂の燃料集めに出かけなくてはならない。リヤカーを引き、あらかじめ契約してある大工の下小屋（準備小屋）に行って、おが屑《くず》とカンナ屑を引き取ってくる。おが屑をさらうにはパイスケと呼ばれる竹でできた大きなざるを使い、背の低いいっちゃんはおが屑のなかに頭まで埋まりながら燃料集めに精を出した。リヤカーにぎゅうぎゅう詰めにした後は、一路、釜場に戻る。それを二往復もやると体はくたくたになるが、それでもまだ終わりではない。おが屑やカンナ屑は焚きつけ用だから、次は火持ちがいい角材を運んで来なくてはならない。自分の才覚で家を建て替えているところを見つけ、廃材や角材をもらい下げてくる。土地勘のあるケンちゃんはともかく、東京の地理なんて西も東もわからない、いっちゃんは最初のうち途方に暮れた。泣く泣くごみすて場から壊れた椅子《いす》やら机を拾い、上の方にだけ角材を載せておいたら、釜場に仁王《におう》立ちしていた大城さんに「バカ。うちは清掃事務所じゃないんだぞ。変なもん燃したら、釜が壊れる」とビンタ一発。

やり直しを命じられたいっちゃんは、自分は風呂屋に勤めたのか、それともリヤカーを引くのが仕事なのか、と悩みながら、それでも中番頭に出世するまでの三年間、雨の日も風の日も雪の日も、毎朝ごみ取りに明け暮れた。

正午になると待ちに待った朝ご飯が始まる。主人夫婦から従業員一同、台所の板の間に座り込んで箱膳《はこぜん》を囲むのだが、主人たちはハンバーグやソーセージといったおかずがあるのに、従業員たちは一汁一菜である。肉が出るのは正月くらいだ。おいしそうなおかずの方を見ないようにして、自分の箱膳の前にどっかと座ったとたん、横から伸びて来た大城さんの手に頭をごつんとやられた。

「こら。オレたちはいつでも釜の火具合が見られるようにメシは立て膝《ひざ》で食うんだ」

いっちゃんは殴られた頭をさすりながら、「なるほど合理的なもんだ」と妙に感心した。遅い朝食が済むと、いよいよ開店準備。番頭さんが釜に火を入れるが、薪《まき》を追加するのはふたりの役目。このとき気をつけないといけないのが薪を投げこむ位置である。一か所だけに集中して放り込むとそこだけ酸素不足になり、炎が逆流して焚き口から吹き出してくる。

「いわゆるバックファイアというやつだな。オレも眉毛《まゆげ》焦《こ》がしたことあるぞ。でも焚き口の前でぼーっと立ってて、火にキンタマを直撃されたやつもいたんだ」

そして、湯が沸き、開店三十分前になると、大きなヒノキの板でできた浴槽のふたをとり、後は客を迎えるだけだ。番頭さんひとりだけが先に湯をつかい、体の汚れを落とすと、流しのスタイルに着替える。ふんどしの上に膝までの半股引《ももひき》をはき、一反もある長いサラシを胸まできゅっと巻き込み、鉢巻きをきりりと締める。もっとも、大城さんは頭の毛が薄かったので、鉢巻きの代わりにタオルを巻いてハゲ隠しにしていた。中番頭のケンちゃんも同じように、いなせな格好ができるが、小僧のいっちゃんだけはサラシも巻けず、上半身裸にパンツ一丁といった、はなはだ意気の上がらない格好である。

その後、男たちは浴場から裏へ回り、「下風呂」と呼ばれる四畳半くらいの広さを持つ、元湯がはいった湯槽の上の板に座り、番台から合図があるまで待機する。大城さんは気つけと称する焼酎《しょうちゅう》を茶碗《ちゃわん》でひっかけ、自分の太ももを手のひらでパーンパーンとたたいて、流しの準備運動を始める。その横を表から来たねえやがスリッパ履きで走り抜けたら、「こらー」という大城さんのダミ声が響いた。

「ここをどこだと思ってるんだ。ここはオレたち流しの座敷だ。オレたちの神聖な場所をスリッパで通るとは何事だ。今、歩いたところをよく拭《ふ》いていけ」

店が開くまでのわずかな間、三人の男たちは無言で神聖な場所にあぐらをかき、精神を集中しなくてはならない。それはちょうど戦場に臨む兵士がじっと瞑目《めいもく》して気を落ち着けるのに似ており、三人の三助は下風呂の上でひたすら太ももをたたき続けるのだった。

いっちゃんが流しの小僧だった昭和三十年代の前半、自家風呂の保有率はまだ三〇％前後であり、人々にとって銭湯通いは習慣であり、娯楽だった。高度成長で東京の人口はふくれ上がっていったが、その大部分は集団就職をはじめとした地方からの人口流入であり、一人暮らしの若者たちが多かった。そういった地方から出てきた若者たちにとって仕事の後、入浴料十五円（昭和二十八〜三十二年）の銭湯で汗を流すのは無上の喜びだったのだ。

店の開けはじめである午後の早い時間には常連の年寄りたちが集まってくる。彼らは暇を持てあましているから、勢い長風呂になり、そのうえ風呂からあがっても、すぐには家に帰ろうとしない。顔見知りをつかまえては、猫の額ほどの広さしかない中庭に縁台を持ち出して、悠々と将棋を指し始めるのだった。

夕方になると小さな子供の手を引いたおかみさん連中が連れ立ってやって来る。それは女湯がもっとも活況を呈する時間帯であり、おかみさんたちが噂《うわさ》話に興ずる声と、タイルの上を駆け回る子供たちの嬌声《きょうせい》が高い天井にこだまし、浴室は湯気と騒音につつまれる。風呂から出た子供たちは脱衣場に据えつけられた、当時まだ珍しかった白黒テレビに、服を着るのも忘れてかじりつき、番組が終わると、今度は母親にラムネやコーヒー牛乳を買ってくれ、と引きつけを起こしたように泣き出す。

その混乱に乗じて、十円の洗髪料（昭和二十三〜四十年）をごまかそうと、素早く頭を洗う婆《ばあ》さんや、ひそかに持ち込んだ下着を洗濯するおばさんが現れ、現場を押さえた番台のおかみさんとひと悶着《もんちゃく》が起きるのも、またこの時間帯である。しかし、この時間まで流しの需要はそれほど多くない。彼らの出番が来るのは勤め帰りのサラリーマンや夕食を終えた商店街のおじさんたちがのれんをくぐってくる午後七時からで、それも、しまい湯近くの遅い時間が稼ぎ時だ。板前や芸者、ホステスといった水商売の人々に加えてテキ屋、チンドン屋といった稼業《かぎょう》の人々、それにおかまやヤクザといった、流しにとっては、きっぷのいい上客が来るからだ。男湯では、水を掛けた掛けないで喧嘩《けんか》も始まるが、番頭さんが桶《おけ》をつかんで立ち上がると、背中いっぱいに入れ墨を背負った若いヤクザもおとなしくなる。日々の肉体労働で鍛えた流したちの体は、男が見てもほれぼれするほど筋肉が盛り上がっていたから、向こう見ずのヤクザたちも、つい気後れしてしまうのだった。

昭和三十八年にユニットバスが発売され、内風呂の普及に加速がかかるまで、銭湯にはさまざまな職業の人たちが足を運び、社交をする町のパラダイスだった。

「ジジー」と番台で鳴らすベルの音が下風呂に聞こえて来たら、いよいよ流しの出番である。ベルの音が一度なら男の客、二度なら女の客。流しはへちまを持って客の後ろに回り、中腰になる。「お待ちどおさん」と、一声かけてから、絞ったタオルを客の肩に広げ、手のひらをおわん型に丸めてまず肩をパパーンと叩《たた》く。手のひらに入った空気が緩衝材となるから、いくら大きな音がしても客は少しも痛くはない。パパーンと盛大な音を出すのが、流しの腕の見せ所だった。垢《あか》すりは頼まれたときだけやるオプションサービスであり、へちまを使い、毛の生えた方向から逆にこすってゆくと、垢がぼろぼろ落ちてくる。洗う箇所は男は上半身から手首までだが、女は襟足と背中だけ。決して客の前にまわって仕事をしないのも心得のひとつである。体を洗った後は肩や腕をもみほぐし、だいたいひとりあたり三分で一丁上りといったところである。ただ、見えっ張りの常連はパパーンと音を立てさせただけで「ありがとさん」と言い、次の客へかかれと合図をする。盆や正月を控えた忙しい夜には番頭ひとりではとても手が足りず、中番頭から小僧まで全員出勤せざるを得ない。後年、腕の良さで知られるようになったいっちゃんは、最盛期には一日に百人の客をこなしたこともたびたびだったという。

流しのスターになったいっちゃんを頼って、同じ町から出て来たのが、小学校の同級生だった土田悌治《ていじ》。がらがら声で顔に迫力のある彼は、現在、東武練馬駅近くで「ニコニコ湯」を経営している。

「太ってて筋肉質の客なんかたまんないよ。もんでるうちにこっちがくたびれちまう。そういうときはさ、冷たい水につけたタオルを生絞りにして肩に掛けてやると、寒くなるだろ、『もういいよ』とか言われてお役御免になる」

流し同士で喧嘩をすることはなかったが、ライバル意識はあり、上得意をひとりでも多くつかまえようと、いっちゃんも土田も夜中になると、垢すりは自分の太ももを練習台に、マッサージは番頭さんの体を借りて技の習得に励んだ。

一回の流しで客が払うのは、当時二十円。うち一円が歩合として流しの懐《ふところ》に入る。さらにひいきの客は必ずチップをはずんでくれたから、いっちゃんの収入は一年も経《た》たないうちに、同じ年のサラリーマンの五倍から十倍になった。

「仕事が終わっても寝てなんかいらんないよ。夜中の三時頃から大森ののんべ横丁に出かけて、ウイスキーのハイボールを一杯、それから流しで知り合った水商売のお姉さんのところへ行くんだな。『坊や、可愛いわね』なんて……、あの頃はオレももてた」

休みは月に一回。映画が好きだったいっちゃんは日比谷の映画街に出かけて、洋画のロードショーを見るのを楽しみにしていた。彼はナタリー・ウッドの大ファンで、とくに『理由なき反抗』は何度も見に行った。主演のジェームズ・ディーンが崖《がけ》に向かって車を走らせるラスト近くのチキンレースのシーン。二台の車に合図を送るナタリー・ウッドは黄色のブラウスと白いスカート姿で、実にセクシーに見えた。「一度でいいから、背中を流してみたい」といっちゃんが真剣に考えたのが、昭和三十年、十八歳のときだった。

昭和四十年に入ると、ビートルズやヒッピー文化に影響された長髪の若者が銭湯に姿を現すようになり、それと相前後して、流しを頼む客が少なくなってきた。いっちゃんたちの仕事は釜焚きと掃除が主になってしまい、働きがいを失った三助たちの多くは、転職するようになった。

銭湯の親父《おやじ》たちは「髪の長い男からも洗髪料を取った方がいいんじゃないか」と寄り合いに集まっては協議を重ねたが、どのくらいの長さから長髪とするかで、論議は膠着《こうちゃく》し結論はついに出なかった。

そして昭和四十四年の当時の東京都知事、美濃部亮吉《みのべりょうきち》は公営ギャンブル廃止に続いて、四十五年には洗髪料の徴収もやめさせた。新潟をはじめ北陸三県の出身者が多い風呂《ふろ》屋の親父たちにとって、政治家と言えば田中角栄しかいない。そうでなくても人気のなかった美濃部都知事はこの決定を境に銭湯業界には、徹底的に恨みを残すことになった。

昭和四十二年、いっちゃんも流しで貯《た》めた金を元手に、前の主人が手放そうとしていた中野坂上の宝湯を借り受け、オーナーではないが風呂屋の主人となった。借金を返すため、番台を務めながら、ごみ取りから流しまでフル回転で働いたが、もう、流しを頼む客自体がほとんどいなくなっていた。

昭和四十五年の二月、客が減る一方だった銭湯にも脚光が当たる瞬間があった。森光子主演のテレビドラマ『時間ですよ』（TBS）がスタートし、茶の間の人気番組となったからだ。

プロデューサーの久世《くぜ》光彦《てるひこ》は番組では樹木《きき》希林（当時、悠木千帆）、堺正章《さかいまさあき》、川口晶《あきら》を従業員役に使ったが、下調べのために都内の銭湯を回ってみたら、すでに従業員を三人も雇えるような店はなくなっていた、と思い出す。

「あの音が良かったね。客の肩を叩くパーンという音がまるで鼓《つづみ》の音のようでね。それが風呂屋の高い天井にエコーして、実にいい感じだった」

昭和四十八年、いっちゃんは新宿の落合に、まだ放映中だった『時間ですよ』の舞台となった銭湯と同じ名の「松の湯」を開店した。銭湯を新築できたと喜んだのも束《つか》の間《ま》、その年の十月、石油ショックが日本を襲い、一リットル八円だった重油が、あっという間に四倍に値上がりした。あわてたいっちゃんは重油の消費を少しでも抑えるため、ふたたびリヤカーを引きずり出して、またまたごみ取りに走り回る。『時間ですよ』では銭湯の主人を演ずる船越栄二が仕事をおっぽりだして、篠《しの》ひろ子扮するおかみがやっている割烹《かっぽう》に入り浸っていたわけだが、現実のオーナーは、ビール一杯飲む暇もなく、廃材の確保に狂奔していたのだった。

昭和五十年代になっても客の増える気配はない。町にコインシャワーという個室の簡易シャワーが登場したのがこの頃で、銭湯は少しでも若い客をつかもうと男湯、女湯を見渡す番台の代わりにフロントを設置したり、あるいは、ジェットバスを導入したりと、設備投資を重ねたが、一度離れた客足を引き止める決定打とはならなかった。

そして昭和の終わりから平成にかけてのバブル経済は都会の銭湯を淘汰《とうた》した。銭湯を地上げすれば、まわりの商店や内風呂のない老朽アパートも一挙に落とせると考えた地上げ屋たちは都心の風呂屋を重点攻撃目標にし、札束で顔をひっぱたいて歩いた。従業員も去り、後継者捜しもままならない気弱な銭湯の主人は、自信を失い、風呂を壊してアパートや駐車場の経営を始めたが、いっちゃんや土田のような気骨ある男たちはいくら札束を積まれても、首を縦に振らず、浴場でヤクザをたたき出したのと同じ要領で、地上げ屋を追い出し、自分なりのリストラと販売促進に知恵を絞るようになった。

「笠原は頭がいいからビルに建て替えて、コインランドリーとかコインシャワーをつけたんだろ。オレは違う手を考えた」

土田はバブルのときに日本にやって来た外国人労働者をターゲットにし、イラン語を独習し、愛想を振り撒《ま》いたのだ。

「よお、お前、ちゃんとパンツ脱いで湯に入れよ」と番台から話しかけ、「ホーレン（タオル）か？　二百円よこせ」とダミ声で笑いかける。銭湯の入り方を知らないイラン人が戸を開けたまま、湯船に向かおうとしたら、「ダローンビバンド（戸を閉めろ）」と大声で叫んだから、驚いた浅黒い肌のイラン人はタオルで前を隠しながら、戸を閉めに戻って来た。しかし、バングラデシュの言葉はさすがに難しかったので、途中であきらめ、今は中国語にトライするかどうかを思案している。現在も木造のままの「ニコニコ湯」にはいっちゃんや土田が働いた昭和三十年代の面影が残っており、当時、住み込みの流したちが暮らした釜場《かまば》の上の小部屋には、土田の愛犬であるゴールデンレトリバーが寝起きしている。

「犬も暑いから、あそこに寝るの嫌がるんだけど、オレも笠原もあんなとこで何年も寝起きしたんだ」と、彼は「最近の犬は贅沢《ぜいたく》だ」と八つ当たりしている。

いっちゃんの「松の湯」は平成元年に建て替え、燃料は重油しか使えなくなった。それもコンピュータ制御だから、ボタンを押すだけで、湯の温度も一定に保つ。浴槽も薬湯、サウナ、ジェットバスとバラエティを増やし、さらにタオルからシャンプー、リンスまで貸し出すサービスも始めた。

「お勤め帰りに手ぶらで入れる銭湯」というのが「松の湯」のキャッチフレーズだ。

そしてアイデアマンの笠原は、つねに新しいプランを新宿の同業組合に提案し続けている。そのひとつが、新宿区で生まれた新生児とその母親は、生後一年の間、区内の銭湯なら無料で入浴できるという画期的なものだ。

「エンゼルパスって言うんだ。いい名だろ。サケは生まれた川に戻ってくるって言うじゃない。あれと一緒。赤ん坊のうちから風呂屋に来る癖をつけとけば、大きくなってから、また戻ってくるんだよ。するとだな、あと十年か、二十年か知らないけど、もう一度、どかーんというやつが来るんだよ。何が来るって？　決まってんだろ、オレたちの黄金時代がさ、やってくるんだよ。もう一度」

さて、都内で流しのサービスに似たものを探せば、池袋のメトロポリタンサウナ、東京駅の東京温泉、水道橋の後楽園サウナ、六本木のサウナアダムといったところへ行くしかない。メトロポリタンサウナは無料だが、卓球のユニフォームのような短パンをはいた婦人が背中をさっとこするだけである。それ以外はどこも有料で、台の上に横になると、タオルを持った手が機械的に皮膚の掃除をする。サウナアダムでは韓国から来た従業員が三十分以上も時間をかけて念入りに垢を落とし、マッサージもしてくれるが、四千円と高額だから庶民が利用できるものではない。結局、どこへ行っても、従業員と客の間にはコミュニケーションはないし、鼓のような音もなく、きりりとしめたサラシ姿も見られない。粋《いき》やいなせといった精神面のリラクゼーションまでカバーしてくれた三助たちは、東京からはもう大分前にいなくなっていたのだ。

チーフブレンダーの技と素顔

サントリー山崎蒸溜所《じょうりゅうしょ》周辺には八つの神社と十三の寺がある。神社仏閣があると、その場所の風景は静謐《せいひつ》に感じられるもので、生産工場であるにもかかわらず山崎蒸溜所はしずまりかえって見える。そんな工場施設のなかでも、ひときわ静かなセクションがブレンダー室である。そこには工場にはつきものの機械音もなければ、パソコンのキーを叩《たた》く音もない。白衣を着た男たちがモルト（麦芽、ウイスキーの原料）の香りをかぎ、口に含み吐き出す音しかない。

働いているのは三十八歳から六十一歳までの九人のブレンダーである。彼らは毎日、貯蔵してあるモルトをテイスティングし、そのなかから選んだものをグレーンと合わせるという作業を続けている。

「利《き》き酒（テイスティング）は主に午前中にやります。正午直前がもっとも感覚が研ぎすまされていますから、その頃に集中してやります。方法はモルトを鼻でかぎ分けて樽《たる》の個性差を記憶してゆく。かぐのはモルトそのものでなく、等量の水で割ったものです。その方が香り立ちが盛んになり、風味の表情がくっきりとしますから。午後になるとテストブレンドしたものの評価ですね。常に新製品を想定してブレンドしてます」

ブレンダーのひとり、輿水《こしみず》精一はそんな説明をしながら仕事場を見せてくれた。太陽光が直接入らないようにブラインドで遮光した二十坪ほどの部屋には二台の大きなテーブルがある。その上にはさまざまな樽から採られたモルト入りのグラスがおよそ二百以上も並んでいる。チューリップ型のグラスには蓋《ふた》がついているが、それでも部屋のなかは揮発したアルコールがたちこめているから、酒に弱い人間ならたちまち酔っ払ってしまうだろう。

「風邪をひいたら利き酒できませんから、体調には十分気をつけてますよ。たばこも吸いません。きつい整髪料とかカレーの匂《にお》いもだめです」

ブレンダーたちはその部屋のなかで私語を交わすことなく淡々と根気と集中力のいる仕事を続けている。彼ら八人を統率するのがチーフブレンダーの稲富孝一。彼は二十年以上もブレンダーの仕事を続け、「クレスト」や「響」を作り、「山崎」のモルトを選んだ。

「ブレンダーの仕事というと、ともすれば原酒の味を利き分ける能力だけが強調されています。私も百種類以上の樽のモルトを特定することはできます。しかし、本当に必要な能力は新しい品質を作ることなんです。鼻が利くことも必要だけど、新しい味のイメージを考え出せる人間がブレンダーなのです」

そう稲富は語る。が、しかし、新製品はブレンダーひとりが作り上げた彼個人の味ではない。実際の作業として、新製品の味の方向性を提示するのはマーケティング部門である。マーケッターたちは市場の動向をにらみながら「軽やかでエレガントな味」「華やかな香りでしっかりした味」といったコンセプトを考え出し、それをブレンダーに伝える。ブレンダーはそのコンセプトを頭におき、自分のイメージをつけ加えて新しい味を作り出しているのだ。

昭和十一年、稲富孝一は兵庫県に生まれた。父は大阪商船のエンジニアで、母は教育熱心なクリスチャン。彼は幼い頃からバイオリンを習わされ、楽器に夢中になった。音楽家になりたいと思ったこともある。昭和三十四年、大阪大学理学部を出て寿屋《ことぶきや》(当時、現サントリー)に入社する。

「成績？　全然よくなかった。当時、成績優秀な学生はみんな三井東圧や三菱化成(現三菱化学)を目指してました。私は発酵技術の勉強をしていたので、寿屋の研究所なら続きをやらせてもらえると思ったんです」

しかし、彼の配属は研究所でなく、生産現場である山崎蒸溜所だった。生産工程の管理を経て、稲富はモルトの原料である麦芽を作る製麦工場の担当となる。今でこそ麦芽はすべて海外から輸入しているが、当時、大麦は米の裏作として一般農家で栽培されており、寿屋も国産麦芽が主原料だった。大麦を発芽させ麦芽を作るのは十月から三月までである。夏期は気温が高く芽が伸び過ぎてしまうので生産には適さない。製麦工場は冬場だけ稼働《かどう》する工場であり、労働力も期間従業員を頼っていた。

「僕らは季節工さんと呼んでいました。毎年四十人くらい福知山から来るんです。あの辺は冬になると雪に埋もれて仕事にならないからね。足立《あだち》さんという親方が村中の男手をかき集めて蒸気機関車に乗ってやって来るんです。その人たちが大麦の管理やウイスキーの樽を運んだりする。みんなに主任さんと奉《たてまつ》られるんですが、私はまだ二十代で一番若かった。あの仕事では私はずいぶん人生の機微を勉強させてもらいました」

福知山の男たちが到着した夜と帰る前の晩には、工場をあげての宴会が開かれる。男たちは当時はまだ高価だったトリスを腹いっぱい飲むことを楽しみにやって来ているから、宴会となるとエネルギーのみなぎったすさまじい様相を呈したという。

昭和四十三年、入社して十年経《た》った彼は社命によりウイスキーの故郷、スコットランド、エディンバラにあるヘリオットワット大学醸造科に留学する。本来ならば本場のウイスキーメーカーに入って技術を学ぶべきなのだが、高度成長で日本の輸出攻勢が問題となった頃のこと、技術を盗まれると考えていたイギリスのウイスキー会社が、おいそれと日本人技術者を受け入れてくれるはずもない。稲富はすでにウイスキーの専門家になっていたにもかかわらず、若い学生にまじって醸造についての授業を受けることとなった。

「私が行った頃、うちの会社にはまだロンドン支店がありませんでした。駐在員もひとりだけです。日本から酒屋さんや問屋さんの団体がやって来るとバスの手配や買い物の案内も私がやるのです。だからいまだに私はロンドンのバス会社には顔が利きます。結局、エディンバラには六年間いましたが、勉強のほかにやっていたことと言えば日本じゃ手に入らないシングルモルト・ウイスキーを買い込んでかたっぱしから飲むこと。それがブレンダーの仕事に役に立っているんじゃないかと思うんですが」

稲富が暮らしていたエディンバラの緯度は高く、日本周辺に直せば樺太《からふと》の北端にあたる。気候は寒く、夏はわずか一か月しかない。そのうえ日本人も少なく、十数人が肩を寄せ合うように日本人会を組織していただけだった。毎日、大学に出かける稲富はいいが、異国まで出かけてきて留守を預かる妻の慶子と子供たちにとっては居心地のよい場所とは言えなかった。

「初めの頃は子供たちがしょっちゅう風邪ばかりひいてました。知っている人もいないし、日本食もないから、私は心細くて……。それで不満そうな顔をしていると、主人はああ見えても優しいところがありますから、家族を気づかって、大根や白菜を探してきてお漬物を漬けてくれるんです」

　慶子はそう言う。稲富は発酵学を修めているから、ニシンで〝生《き》ずし〟を作ったり、漬物を作るのはお手の物だった。それくらいで家族が喜んでくれればそれに越したことはなかった。彼が自分の楽しみのために造ったのが日本酒である。日本から送ってもらった米を発酵させて酒を造るのだが、どぶろくはできても透明な液体にするのが難しい。

「フィルターで漉《こ》してもだめなんだよ。だから私は大学の研究室にどぶろくを持ち込んで遠心分離機を使って清酒を造った。やっとできた酒を抱えて日本人会へ行って、缶詰になっているたくあんと一緒に味わったんだ。あれはうまかったねぇ」

　それが昭和四十三年から四十八年までの彼の生活である。イングランドの都ロンドンでは、ビートルズ、ローリング・ストーンズの二大バンドに代わり、レッド・ツェッペリン、ディープ・パープル、ピンク・フロイドといった先鋭的なロックグループが台頭してきた時代であり、カーナビーストリートやスローンスクエアには長髪にベルボトムジーンズの若者たちが闊歩《かっぽ》していた。しかし、はるか北へ六百三十二キロ離れたエディンバラへはそんな時代の空気は届いておらず、稲富はシングルモルトをなめながら発酵の研究と漬物作りに精を出していた。

スコットランドで博士号を取って帰国した稲富は、蒸溜所の技師長を経て昭和五十七年にはチーフブレンダーとなる。マスターブレンダーである社長（当時）の佐治敬三《けいぞう》のもと、さまざまなブレンドウイスキーの開発にかかわった。五十九年には彼の処女作「リザーブシルキー」とピュアモルト「山崎」の原酒選び。六十一年には「オールドクラブハウス」、平成元年には「クレスト」、そして彼の代表作である「響」。

「稲富さんの作品を飲みますとね、素敵なウイスキーというのは素敵な人柄でないと造ることができないんだなぁ、と私などは考えてしまいます」（銀座のバー「うさぎ」のオーナー、井上勝彦《かつひこ》）

「あの方はどんなウイスキーを飲まれても、絶対にまずいとはおっしゃらない。そこが評論家の方とは違うところです。たとえ他社の製品でも、造る手間と時間をよくわかっているから、まずいなんて言えないそうです。それにシングルモルトに詳しい。やはり日本で一番ウイスキーを知っている人です」（銀座のバー「オーパ」オーナー、

大槻《おおつき》健二）

消費者にいちばん近いところにいるのがバーテンダーだろう。彼らのうち稲富と面識のある者にその素顔を尋ねてみると、異口同音に「ロマンチックな人」という答えが返ってくる。稲富はクラシック音楽を好み、ビオラを演奏し、バーでの話題も音楽のことが多いからどうしても高尚な人と感じられてしまう。しかし、彼は情緒に富むだけの人でなく、懐《ふところ》の深いユーモアを解する人間でもある。

「ブレンドの仕事を説明するとき、少し前までは音楽を例えにしてました。主音とも言えるグレーンにいろいろな音色の楽器であるモルトを加えていってシンフォニーを作る。『響』には三十五種類のモルトが入っているから本当に交響曲。そして次には絵に例えてました。真っ白なキャンバスに背景の色に当たるグレーンを置く。さまざまなモルトを塗り重ねていって一枚の絵を仕上げる……。どちらも品格のある例えです。でも、僕は近頃、それじゃいかんと思いまして……、で、これからはみそ汁に例えようかな、と。グレーンはだしで、豆腐や油揚げはモルト……。しかし、この例えは大衆的でいかんという人間もおる」

稲富が断言するように、ブレンダーという仕事の根幹は利き酒能力ではない。新しい味をイメージする能力にある。利き酒の能力は日々、鼻と舌で覚えるしかないが、では、イメージをふくらませるにはいったいどういったトレーニングをすればいいのだろう。

「それが一番難しい。こうすればイメージの造形力が増加するなんて方法はありませんよ。だからそれぞれが自分で開発してゆかなくちゃならない。私もいろいろやりました。例えばいろいろな職種のブレンダーに会いに行きました。焼酎《しょうちゅう》のブレンダー、香水、紅茶、インスタントカレー、ラーメンのスープ……、ブレンダーとは決して特殊な仕事でなく、世の中にはたくさんいるんです。会って、どうやってイメージをふくらませるんですかと聞くと、みなさん、一様にうーん、と言って黙ってしまう」

実は稲富にも確とした答えは見つかっていない。それはそうだ。イメージの造形といったソフト能力を簡単に開発するノウハウがあれば誰もがすでに飛びついている。だが、彼の頭のなかにはあいまいな形ではあるが、答えに近似する方法論は存在しているらしい。それは窺《うかが》える。しかし、出てこない。彼のもどかしそうな様子を察すると何か刺激となる質問をすれば形になって飛び出してくるかもしれない。そう考えた私は彼を追いつめて、頭を絞ってもらうことにした。そうすれば日頃彼が極めたいと思っていた課題が明らかになるからだ。私としても、ただ彼の人柄を描いた文章を書くより、彼と一緒になってイメージ開発のノウハウをつきとめる方が、何かしらお手伝いをしたような達成感を感じる。そこで私は日をおいてもう一度、今度はバーで会うことにした。そして、それまでの間に電話やファクスで質問を送り、彼の脳髄を揺り動かしてみた。

一か月後、二度目のインタビューのために会った。聞きたいことはひとつだけだが、焦《あせ》ってそれを質問したってすぐには答えは出ないだろう。寿司《すし》を食べ、バーに行き、ウイスキーを何種類も飲んで、気分が盛り上がったときを見計らって、すかさずイメージについての質問をしたが、結局、これがそうだというノウハウは出てこなかった。しかたなく彼を送るためのタクシーに乗り込んだとき、私はふと思いついたことを聞いた。

「今、ソムリエって人気がありますよね。ソムリエとブレンダーの利き酒能力はどちらが高いと思われます？」

彼は答えた。

「ワインとウイスキーは違うものだが、ワインはわかる。手がかりが多い。土地、年、銘柄……」

そこで彼は急に話を変えた。

「いや、ソムリエの仕事で大切なのは、私は利き酒の能力じゃないと思う。それはね、お客さんを見ることなんじゃないか。このカップルはどうしてフランス料理を食べに来たのか、誕生日なのか、デートなのか。懐にはいくらくらい持ってるのか。若いカップルだからといって、安いワインを薦めたんじゃ男は怒るだろう。男は見栄《みえ》っぱりだから。そういうことを考えて、料理や懐具合にあわせてお客さんの喜ぶワインを見つけることがソムリエの仕事じゃないか。人間を見るというのが彼らの仕事の本質だよ」

そこまで彼が話したのを聞いて、ふたりとも「待てよ」と思った。

「ブレンダーはどうなんですか？　人間を見る能力はいらないんですか」

「そうだ、そうだね。一人ひとりの顔を見ることじゃないけれど、ウイスキーを飲む人の顔を思い浮かべるというのがイメージの造形に役立つかもしれない。新しい酒を造ろう、造ろうと製品の方にばかり目がいっても駄目だ。ああ、そうだ、人間を見て、人間を面白がることがイメージをつくるのに一番いい、かもしれないなぁ」

そう話す稲富は、若いうちから山崎工場で福知山から来た季節工にもまれ、スコットランドではイギリス人にもまれ、ロンドンでは旅行代理店の添乗員の真似《まね》もやり、サントリーでは取締役もやったから金の計算も経験している。ということはブレンダーというのはガラスの温室で純粋培養される職種でなく、世の中へ出かけて行って、人情の機微に触れる生活を体験したうえで、取り組むべき仕事なのではないか。加えて稲富のように、オーケストラでビオラを弾き、家では発酵の知識を駆使して、漬物や豚まんの皮づくりに没頭するような、そんな幅のある人生を送れば新しい製品とそれを飲む人間の顔はすぐに浮かんでくるのではないか。

稲富と別れるとき、「引退した後はどこかのレストランでソムリエをやったらどうですか。ブレンダーよりソムリエの方が今はモテます。絶対です」、そう言ったら、彼は「うっ」と変な顔をした。

「ソムリエはやれるかもしらん……。しかし、しかし、モテる、かねぇ」

酔っ払ったチーフブレンダーはにやりとしてホテルの玄関へ入っていった。

＊

チーフブレンダー、稲富孝一を取材してから、私たちは親しくなったように思う。季節ごとに会うようになり、酒を飲みながら酒について話した。私たちの話題は常にウイスキーで始まり、その故郷、スコットランドで終わった。

「一度、一緒に行きましょう」

会合はつねに稲富のこの言葉で締めくくられ、私たちはブランデーかグラッパで乾杯して再会を期した。

だが、私は内心、「行くことにはならないだろうな」とも感じていた。ところが彼は粘り強くしぶとい性格の人だった。スコットランドへ出張するスケジュールが決まるたびに私のもとへ「行かないか」と連絡してくる。彼についての文章を書いてから一年経《た》った平成十年の晩秋、私はスコットランド行きを受諾した。目的地は彼がサントリーの代表として取締役に名を連ねるボウモア・ディスティラリー（蒸溜所）。スコットランドとはいっても大西洋上の島、アイラ島に位置している。

サントリーはボウモアのほかにもザ・マッカラン、オーヘントッシャンといったシングルモルトウイスキーのディスティラリーをいくつか持っているが、私は迷わずボウモアにした。島にあること、島では一番古いディスティラリーであること、そして、日本では一本百万円もする四十年もののウイスキーを造ったところと聞いたからだ。ウイスキーの歴史上、たった二百九十七本しか生産されていないそれは、小説やエッセイに何度も登場しているブルゴーニュ産の赤ワイン、あのロマネ・コンティよりも高価であり、かつ希少なのにもかかわらず、誰もがその存在を知らない。私の知っているかぎり、小説家やエッセイストも一度も取りあげてはいない。どうしてなのだろうか……。

それはスコットランドという土地がワインの故郷であるブルゴーニュやボルドー地

方に比べて地味で、活気に乏しそうで、そしてファッショナブルな雰囲気がしないせいではないのか。加えてシングルモルト・ウイスキーという飲み物自体も、若い女性が憧《あこが》れるというイメージからはほど遠く、偏屈な中高年が好みそうな渋みを感じさせる。だからマスコミも報道したがらないのではないか。雑誌やテレビを眺めるかぎり、シングルモルト・ウイスキーについての情報はワインに比べると圧倒的に貧弱ではないか。

しかし「いずれは日本でもシングルモルトがもてはやされるようになる」。そう信じて、私は誰よりも早めにお先棒を担《かつ》ごうと、スコットランドのアイラ島へ、ボウモアへ出かけることを決めた。

グラスゴー空港を出ると、そこにはにこりともしていない稲富が立っていた。

「ここがスコットランドです」

彼はそれだけ言った。パンフレットを棒読みしているみたいだった。

私たちはそそくさと空港を出てレンタカーで約百キロ離れた島、アイラを目指す。空路一時間の軽便飛行機もあるのだが、スコットランドの風景を眺めながら三時間のドライブ、二時間のフェリーを乗り継いでいくことにした。秋のスコットランドをドライブしながら緑深い森の空気を吸っていると精神が引き締まるように感じる。そこは「うかれる」といった言葉とは無縁の哲学的な風景の国である。羊の群れを横目に見て、起伏のある道を走っていると、褐色に枯れつつある草がいたるところに目につく。

「稲富さん、このいっぱい生えてる草があのヒースですか」

私は尋ねてみた。彼は無愛想に答える。

「ああ、あれね。あれはね、ワラビ」

あたり一面にあるその褐色の植物は私たちが山菜料理店でよく見かけるワラビなのだ。三十数年前のエディンバラ留学中、彼は、ワラビを摘み、カツオと昆布のだしでたいてみたが、「ここらへんのは茎が太いからなかなか軟らかくならない。おいしくない。僕はスコットランドの人にも勧めてみたけれど、誰一人食べようとしなかった」そうだ。つまり、スコットランドの緑の平原は淡い紫色の優美な花をつけるヒースよりも、その数十倍もの量のワラビに覆《おお》われる山菜の王国なのである。私たちにはなじみの深い王国だったのだ。

また、ウイスキーの原料となる麦芽を焚《た》きこむときに使うピートは従来、「ヒースや苔《こけ》、雑草などが堆積《たいせき》してできたスコットランド特有の泥炭《でいたん》」と説明されてきたが、私は「雑草」と表現されたものの正体のひとつは実はワラビではないかと推測した。

それならば、こんなことも考えられる。

スコットランドのシングルモルトを揃《そろ》えた日本のオーセンティックバーでは、つまみにチーズやナッツを出しているが、それよりもピート臭の根源である山菜料理をサービスするべきなんじゃないか。干しブドウをワインのつまみにするように、あるいはせんべいをかじりながら日本酒を冷やで飲むのがおいしいように、スコットランドのシングルモルトのつまみには山菜があうのではないか——。アイラ島への途上で、私がずっと空想していたのは、ボウモアを一本、日本に買って帰り、ワラビと油揚げの煮たもので飲むことだったのである。

アイラ島は幅約四十キロの島である。車で四十分走れば島の端から端へたどり着いてしまう。人口は三千八百人で、小学校が五つ、中学校（といっても五年制）がひとつ。教会が三、病院が一、ゴルフコースが一、映画館がゼロ、おいしい料理を出すパブ兼レストラン兼ホテルが七、まずいレストランが二。理髪店も美容院もないが、ヘアドレッサーが三人いる。ところがウイスキーの蒸溜所は七つもある。居住人口が一千万人を超えるロンドンには教会も小学校も映画館もレストランもパブも、それこそ無数にあるが、蒸溜所はモルトを薄めるために使うグレーンのそれが三か所あるだけだ。住民ひとりあたりにすればアイラは世界でもっとも多くのウイスキーを生産している地区と言っても過言ではない。つまり、その島ではどこへ行ってもウイスキーの芳香をかぐことができるのだ。

島の植生は牧草、ワラビ、ヒースが主である。それに、海岸にはこれまた大量の昆布やホンダワラがうちよせられていて、「ここのピートの原料には昆布も混ざっている」ことが見てとれる。

それにしても島を巡るドライブは心地よかった。すれ違う車は少なく、大西洋に沈む夕陽は大きく赤い。ハワイの陽気、バリ島の静寂、カリブの青空こそないが、アイラ島の風景には人の心にしみ込む悲しい感じがある。その心へのしみ込み方とは、街角で偶然、お葬式に行き合ったときの気持ちに似ているかもしれない。困惑しながらも、心のなかで手を合わせてしまう。敬虔《けいけん》な気持ちで風景を見つめることができるのだ。黙々と働く住民、草を食《は》む羊、灰色の大西洋を見ていると、悲しい気分になるのだが、とてもリラックスするのも事実だ。

さて、稲富と私はウイスキー造りの現場へ向かった。島内に七つあるウイスキー蒸溜所のすべてが無料で見学させてくれるし、最後には試飲もさせてくれるから、アイラに行く人は必ず訪れるべきところだろう。

なかでも歴史が一番古いのがボウモア蒸溜所である。一七七九年創業のボウモアは製麦工場も併設しているので、大麦を煎《い》る香りが辺りを満たしている。

ここでウイスキーの造り方について簡単に説明しておくと、その工程は製麦、仕込み、発酵、蒸溜、貯蔵、ブレンド、びん詰めの七つに分けられる。

製麦とは大麦に熱を加えて発芽させ、原料となるモルト（麦芽）、つまりは麦もやしを作ること。仕込みはそのモルトを粉砕し、お湯に溶かす。できあがった麦汁を発酵させた液体を、一度、蒸溜するとアルコール分が二〇％程度の酒精ができる。さらに蒸溜を繰り返すと酒精分が六〇％ほどの透明な酒が生まれる。それをオークの樽《たる》で貯蔵すると木の成分が液体にしみ込み、長い年月を経て琥珀色《こはくいろ》のモルトウイスキーとなる。ブレンドとはそのモルトとグレーンというトウモロコシを主成分にした酒をまぜることだ。

ボウモアでこうした製造過程を案内してくれたのが、稲富にとってはすでに顔なじみのジェームズ・マッキュワン、五十一歳である。蒸溜所の裏手で生まれた彼は十七歳で入社し、数年間はウイスキー樽を作る仕事をし、その後はブレンダーを経て、今ではグラスゴーにある本社で広報を担当している。声が大きく役者のような顔をしているから広報にはうってつけではないか。

日本でも、ビールやウイスキーのメーカーは工場内に見学コースを持っているが、解説役は若い女性のナレーターコンパニオンというケースが多い。彼女たちは過不足ない説明をしてくれるのだが、マニュアル通りのもので、個人個人の顔が見えるというものではない。意地悪く言えば、通り一遍の説明にすぎない。だが、マッキュワンの場合は大奮闘である。麦芽を焚く際に使うピートについて話をするときは、ふと思いついたように、工場を出て、自分の車を走らせ、ピートを掘り起こす現場に連れて行く。蒸溜所で使う石炭の貯蔵所では「子供の頃、よくここから石炭を盗んでは近所の人に買ってもらい、こづかいにした」。

ポットスチルという大型の蒸溜器の前ではこんなエピソードを語る。

「アイラの冬は寒い。冷え込む日になると、なぜか蒸溜所に近所の人たちがどんどん入ってくる。いったいどこへ行くのかと見ていると、みんなポットスチルのそばで腰を温めながら話をしてるんだ。ちょうど、たき火を囲むみたいに……」

彼は麦芽を作るモルトマンに「元気か」と声をかけ、蒸溜を見守る係の男には「娘はどうした。もう結婚したか」と尋ねる。そして、稲富と私を紹介する。私たちはいつの間にか工場見学というより、久しぶりにグラスゴーからアイラに帰郷した彼の挨拶《あいさつ》まわりに同行しているような状態になった。稲富は日本にいるときよりもはるかに愛想よく、現場の職人たちと長話に興じ、おかげでその日の夕食は午後八時を過ぎてしまった。

　夜になった。私たちがマッキュワンと食事をとったのは、ボウモアから車で十分の距離にあるブリッジエンドホテルという小さな宿の食堂である。一泊二食で一万二千円ほど。部屋数は少ないけれど、室内もシーツも清潔である。ただし、浴槽はない。ディナーはメニューのなかから好きな前菜とメインを選んでいい。最後にはもちろんデザートとコーヒーもつくから、まったくのお値打ち価格ではないか。

　海に囲まれたアイラでは魚やシーフードが充実している。そして島で取れたジャガ芋、カリフラワー、ニンジンといった野菜、島で飼われている羊、牛、鶏……。食材には事欠かない。土の力が素材のなかに生きている。

「私はいつもこうやって食べる」

　マッキュワンは前菜に頼んだ生ガキに十七年もののボウモアをたらし、レモンをしぼって口に入れる。

「ボウモアはピートの香りが強い。その香りがカキとよく合うんだよ。スコットランドにはハギスといって羊の胃袋のなかに肉や内臓のミンチやタマネギなどを詰めた料理があって、ウイスキーをかけて食べることになっている。

　それはそれでいいんだが、僕はいろんな料理にウイスキーをかけてみた。そうしたらウイスキーはどんな料理にも合うことがわかったんだ。それだけじゃない。オーデコロンの代わりに首筋につけてもいいし、傷口につけてもいい。この島ではウイスキーは万能の調味料で香水で薬なんだ」

性質が素直な私は、彼の言った通り、自分が頼んだ羊のローストにもウイスキーをかけ、ついでに香水代わりに首にもふりかけて、彼の話の続きを聞く。

「今日、島に戻って僕はすぐに病院に行った。あなたたちに会う前にね。……実は十七歳でボウモアに入社したとき、仕事を教えてくれた恩人が病気なんだ。相当、重い病気でね……」

それまで笑いながら食事をしていたのに、マッキュワンは突然、激して、顔を覆って泣き出してしまう。

「すべてを教えてくれた。仕事のすべてを。彼は樽作りを続け、そのまま引退した。しかし、このウイスキーには彼がやった仕事の味が反映している。今、飲んでいるこれは彼が作った樽で熟成されたものだから……。それで突然、思い出してしまった。申し訳ない、初対面のあなたの前で取り乱してしまって……。ウイスキーは神様が造ったもの、と宣伝パンフレットにはよく書いてある。それはこういうことだ。蒸溜されたときは無色透明の液体が樽のなかで木の成分を吸い取り、長い年月の間に色や香りがしみ込む。貯蔵してある場所によって色も味もまったく変わってしまう。その味や色や香りは人間が意図して造れるものではない。

だから神様が造った、とコピーライターたちは表現する。だが、そんな表現は甘っちょろい言葉の遊びだ。私は十七の時から現場で仕事をしてたからよくわかっている。このウイスキーは、今日あなたが声をかけた男たちが造っているんだ。病院で寝ている、今にも死にそうな私の恩人も造った。そして私も造った……。神様じゃない。小さな島に住む人間が造った味なんだ。

ドクター・イナトミ。あなたもブレンダーだから、私の言いたいことがわかるだろう。ウイスキーはあくまで人間が造ったものだということが。ウイスキーはリフレクションなんだ。この島を反映し、この島の人々を反映し……」

この人は立派な人だなぁ、と私は思う。中学を出て工場に勤めた男が仕事を通して磨かれた姿がそこにはある。仕事というのは長い間、一生懸命にやっていれば人格を磨くものだということの典型が彼だった。そして彼の言う通りだと思った。私がボウモアで感動したのは工場の設備でもなければ、十七年もののシングルモルトでも、あるいは四十年もののシングルモルトでもない。ウイスキーを造る男の顔立ちだった。

そのことに気づいた私はひそかに感動して、ぼーっとしていた。するど、マッキュワンは「ポケットのなかに入れておいたんだ」とモルトの粒を取り出し、それを自分のグラスに入れ、私のグラスにも落とした。

「こうするとより香りが強くなる。ウイスキーを底まですすって、その後はモルトを嚙《か》むといい」

ついにはポケットのなかからモルトを一握りつかみ出し、それをむしゃむしゃと頰張りながら飲み始めた。テーブルの上からも、また彼の口元からもピートの匂《にお》いは漏れ、あたりを満たす。食堂にいる島の客たちはその様子を見慣れていると見え、何の反応もない。

アイラ島からもう一度、グラスゴー空港への道をたどりながら、私たちは飽きることなくウイスキーについて話をした。

稲富は自分に向かって言い聞かせるように呟《つぶや》く。

「日本だとウイスキーについての知識をとにかく増やして頭で酒を造ろうとするんだよねぇ。ところがここの現場のオッチャンたちはコンピューターも機械も使うが、味をつくるのはやはり長年の勘を頼りにしている。だから、マッキュワンが言ったように造った人間の味がする。ふたつと同じもののない、個性のある酒ができるわけだ」

「そうですか。それにしても、立派というか、素朴な人たちですよねぇ」

私はあの食堂でのマッキュワンの独白にまだ感動していた。稲富はそんな私に「そうだねぇ」と相づちをうちながらも、ひとつのエピソードを話してくれた。

「ボウモアの職人たちが誇り高いのは、あそこはアイラで唯一《ゆいいつ》、エリザベス女王が訪問したところだからなんだ。工場長もマッキュワンも非常に自慢にしている。女王が来たときには専用のウイスキー樽を作って歓迎したくらいだから。野地さんも見たでしょう」

「はい。奥の方に大切に飾ってありました、確か」

「そうそう。その後、うちの会社がボウモアを買収したんですよ。そして、ある日、オーナーの佐治（敬三）が島にやって来たんだ。そして、ディスティラリーを見学した後、倉庫へ入ったら、エリザベス女王の樽の横に真新しい樽がひとつ置いてある。何だろう、と思ったらしい。いや、僕はその時、現場にいなかったから、こっちの人に後で聞いた話なんだ。『どうぞ、サインしてください。ミスター佐治のために作りました』と言われたらしい。佐治さんは大感激したというんだ。何しろ、女王陛下のとなりだから……。だが、野地さん、倉庫で女王陛下の樽の横にそんな樽を見かけた？」

「いえ、他の場所にそれらしいものはあったと思いますが」

「どうも当時、マッキュワンたちはサントリーのオーナーが来ると聞いて、その前日に新しい樽を用意して、それをごろごろ転がして女王陛下の樽の横に並べたらしい。そして、オーナーが帰ったら、またもとの場所に戻した。

私はねぇ、それはおそらく本当のことだと思うんだ。でも、面白いじゃないですか。人間的でしょう。ここの人たちは純朴ではあるが、ずる賢いというか、たくましいところもちゃんと持ってる。それに可愛《かわい》らしいところもある。そんないろいろな性質を持ってる人のことを人間的と言うのじゃないでしょうか。だから、ここのウイスキーの味は個性的になるんですよ」

そう言った稲富は初めてにやりと笑ったかに見えた。

「人間を観察し、人間を描く」のが私の仕事である。ところが、稲富はいつも山崎蒸溜所のブレンダー室のなかでウイスキーばかりを相手にしているにもかかわらず、その観察眼は私よりも何倍も鋭い。さらっとポイントをおさえた発言をする。生半可な人間観察力ではない。

「ということは、稲富さんこそいかにも研究者然とした人間でありながら、ずる賢いところやたくましいところをたくさん持っているんじゃないか」

私は前々から感づいていた自分の考えを見透かされないように、運転している稲富にまったく違う話題を提供しなければならないと、必死で頭を絞った。

伝説のゲイバー、接客の真髄

彼女、お島さんこと島田正雄は大正八年十月十五日、銚子《ちょうし》の魚問屋に生まれた。生家「島長」は明治時代に創業したタイ、ヒラメといった活《い》けものの魚を扱う問屋で、正雄は八人兄弟の六男。小さい頃から戦争ごっこや相撲といった男の子の遊びには興味を示さず、姉が新富町に芸者で出ていた影響なのか、三味線をいじり、きれいな着物を着て踊るのが好きだった。だが、そういったところを兄に見つかると、「女々しいことをするな」と、頭を思いっきりひっぱたかれた。

高等小学校を出て、家の手伝いをしていたが、昭和十四年に召集され、内地での訓練を経た後、天津《テンシン》の歩兵連隊に入隊する。後に「性転換したのは兵隊に行ってから」と語っているが、ゲイの気質は子どもの頃から持っていたもので、軍隊においてその才能が開花したと言っていい。

「夜ごとに変わる枕《まくら》の数ってな調子でね、器量の良さと要領の良さでたちまち上等兵よ」と本人が語る通り、色白できりっとした容貌《ようぼう》に恵まれた島田上等兵は素直でしかも機転がきいた。上官にビンタを張られても、悲しそうな仕草で同情を誘い、「夜になると可愛《かわい》がってもらった」そうだ。

天津から満州（中国東北部）へ転戦してからも島田上等兵は戦闘行動こそなよなよとしていたものの、芸では名を上げ、部隊の人気者だった。歯磨き粉をおしろいにし、馬の尻尾《しっぽ》の毛でかつらを作り、演芸大会では常に見事な「藤娘」を踊った。そして何よりも彼女の価値が増すのは、外出日前の性病検査のときである。女郎買いをする兵隊たちには性病持ちが多いが、それが発覚すると外出禁止になってしまう。商才のあった彼女は「ケツに淋病《りんびょう》はないわよ」と自ら太鼓判を押した「清潔な」おしっこを、羊羹《ようかん》やアンパンと交換する商売を始めた。彼女の尿からは決して性病の菌が検出されなかったからである。そのため満州の前線では外出日の前になると、羊羹とおしっこを入れる容器を携えた兵隊たちが、お島さんの前に行列を作るといった非常事態が出現したのである。

昭和二十年の八月十五日を満州で迎え、ポツダム軍曹となった彼女は、帰還するやいなや実家に戻り魚の行商を始めた。銚子で仕入れた魚を銀座や新橋に運び、それを闇《やみ》の食堂に売りつけては必死になって金を貯《た》め込んだ。敗戦後、銀座の服部《はっとり》時計店と松屋は進駐軍のPX（アメリカ軍隊内の売店）になっており、東京宝塚劇場もアーニーパイルシアターと改称されていた。日本人の立ち入りは許されず、人々は銀座通りの歩道を占拠した露店で買い物をした。その雑踏を縫いながら、お島さんはせっせと一夜干のイワシやサンマを売り歩いた。

昭和二十三年六月、闇以外はそれまで営業が許可されなかった喫茶店がやっと復活した。その年のこと、銀座四丁目、今の銀座コアビルの真裏に一軒の喫茶店が開店する。丸山（現・美輪）明宏《あきひろ》がウエーターとして働いていた「ブラウンスィック」という名のその店は、同時にゲイの発展場であり、同好の士が集まる場所だった。当時、普通の喫茶店ではコーヒー一杯五円だったが、「ブラウンスィック」はもう少し高かった、という。

「敗戦後の解放感もあったのだろう、ああいう店ができたのは。表から見ると二階建て、なかに入ると三層の構造でね。当時、ガラステーブルの下にコーヒー豆が敷いてあるといったようなセンスのいい店だったな。でも、普通の人が喫茶店かと思って入ると、たいてい、ぎょっとして出ていってしまう。そして二階に上がると、君、これはもう口では言えないような、相当いやらしいことをしとるんだよ。男同士で」

昭和二十六年頃、河出書房の編集者としてよく「ブラウンスィック」をのぞいた、現ＰＲ会社の代表、小石原昭《あきら》は、そこが戦後の東京に一番最初にできたゲイの喫茶店でありゲイバーだと断言する。

　お島さんも行商の帰りにそこに入り浸るようになり、洋食屋でコックをやっていた同好の士、金ちゃんと知り合う。意気投合したふたりは何か飲食店をやろうということになり、あらためて行商に精を出す。それぞれ三万円ずつのお金を出し、新橋烏《からす》森《もり》神社の境内に「やなぎ」という名のカレーとカツ丼《どん》を出すバーをつくった。皿に盛らず、弁当箱に入れて食べさせれば闇米で商売しても摘発されることはないというのがお島さんの考えだった。昭和二十五年のことで、当時、銀行員の大卒男子の初任給は三千円、カレーは八十円が相場だった。

　開店当時の「やなぎ」はカウンターが十席しかなく、二階の三畳間はお島さんの住まいとなっていた。そして金ちゃんが作ったカレーやカツ丼を、薄化粧した三十一歳の彼女がウエートレスとなって客にふるまった。「面白いおかまがいる」カレー屋はいつの間にか新橋界隈《かいわい》の話題となり、それを聞き込んだ進駐軍の、その気《け》のある将校たちが現れるようになった。優しい彼らはプレゼントとしてPXから洋酒を持参し、お島さんに交際を申し込んだ。そして「やなぎ」はゲイのたまり場となったのだが、彼女は最初から意図してゲイ向けの店をつくったわけでなく、当時、金回りのいい進駐軍の将校を優遇しているうちに、いつのまにかゲイバーに変わってしまったというのが真相だろう。

当時のゲイのたまり場は、前述の「ブラウンスィック」を筆頭にして、外国人と一緒でなければ入れない日比谷三信ビル地下の「ピーターズレストラン」、歌舞伎《かぶき》の大部屋役者が青山でやっていたバー「音羽」、ゲイの主人が新橋に持っていたお汁粉屋「折り鶴《づる》」、神田今川橋のバー「シルブラニ」といったところがあった。もちろん、上野の山、新橋の駅頭、新宿や池袋では男娼《だんしょう》たちが体を売っていたが、それに比べてこうしたたまり場はお金を媒介としながらも自由恋愛の余地が残ったひそやかな場所だったと言えよう。

さて、進駐軍のゲイ将校たちで盛況となった「やなぎ」は、とてもお島さんひとりでは手が足りず、昭和二十六年から七年にかけてふたりの美青年を雇い入れることになった。ひとりが大正十四年生まれで法政大学出身、習志野の戦車隊にいた元陸軍少尉《しょうい》、青江忠一。もうひとりが銀座の喫茶店「美松」でボーイをやっていた昭和三年生まれの吉野寿男《としお》である。ここにお島、青江、吉野という斯界《しかい》の第一人者でもある〝伝説の三人〟が揃《そろ》い、ゲイバーというゲイを売り物に一般客を楽しませる新しい業態の店をスタートさせた。戦前は女装した男が接客することは違反行為であり、同好の士以外も客となる「やなぎ」は、日本最初の本格的ゲイバーとなった。

「もういやねえ、伝説の店なんて……。ただのタコ部屋よ、タコ部屋。だって私が入った頃は昼はカレーの出前して、夕方からバーの仕事。夜は進駐軍の将校に体売るんだもの。一晩に五人もとっかえひっかえでやったことあるわ。一回十ドルよ。三千六百円。でもそのうちあのがめつい『やなぎ』のババアが二千円とるから私は千六百円なのよ」

六本木にゲイバー「吉野」を構えていた吉野さんは「もう目茶苦茶に働いたわ」と言う。実際、お島さんはふたりを厳しく管理した。三人は二階の三畳間にザコ寝していたが、お島さんは若いふたりが夜になっても勝手に遊びに出かけないように部屋に鍵《かぎ》をかけ、それを自分の枕の下にかくして寝た。それでも吉野さんは深夜、屋根裏からはい出して遊びに出かけたこともあった。また、粗食でおなかをすかせたふたりが店のカレーを盗み食いするために、鍋《なべ》を温めようとしたら必ず、カンのいいお島さんが現れて、カレーのお玉でふたりの頭をひっぱたいた。

しかし、基本的には仲の良い三人組だった。その頃から三人は芸者にもらった古着とかつらで女装して店に出るようになっていたが、開店前になると烏森神社の近所にある銭湯「海水湯」に出かけ、お互いの体を洗い、脛毛《すねげ》を剃《そ》って夜の営業に備えた。「『やなぎ』さんの三人がお風呂《ふろ》へ入ってると冗談を言いながら体を流しているのが、男湯と女湯の仕切りの上からも聞こえてくるのよ。本当におなかを抱えて笑ったわ、私」

美術評論家、故青山二郎夫人の和子は実家が新橋にあり、「やなぎ」の三人組と銭湯で出会うことが楽しみだったという。

昭和二十六年の九月にはサンフランシスコで対日講和条約が結ばれ、その年の終わりには銀座通りの露店が撤去される。翌年にはＧＨＱが廃止され、東京から目に見えて敗戦の名残が消えていった。

進駐軍の将校たちが引き上げてゆくことに危機感を覚えたお島さんは、代わりに日本人の一般客を引き込んで金をふんだくってやろうと大々的な宣伝活動を始めた。夕方になると三人は日本髪のかつらをかぶり派手な着物を身につけ、新橋や銀座界隈を練り歩いては客引きに励んだのである。

「町の人にはゲテ物扱いされたわね。烏森神社のおかま茶屋から変なのが来た、とか。ひゃー気持ち悪い、とか。でもしかたないわよ。あの頃、男の子が赤いセーター着てるだけで親に怒られた時代だもの。でも私たち、自分たちが好きでやってる道だし、何言われても構やしない、ってな感じよ」

そう青江さんが思い出すように三人は汗だくになって「やなぎ」の名を連呼した。

銀座や新橋で働く芸者、ホステスといった水商売の女の子たちが通りかかったら、必ずそばに寄っていって、店に金持ちの客を連れてくるよう懇願し、あるいは脅しあげた。そしてもうひとつ、お島さんはカレーを出すのをやめてバーの料金を上げた。「ゲイバーは高い」という噂《うわさ》を流せば女の子に格好をつけたい成金の客が胸をはって現れる、と考えたのだ。そして「やなぎ」の高額な飲み代《しろ》が評判になるにつれて、いつしかゲイの客は姿を見せなくなってしまう。若く金のないゲイたちにとって、高級クラブ化した「やなぎ」は高根の花になってしまったのだ。

しかし、お島さんの経営施策と営業努力は功を奏した。「やなぎ」には銀座のクラブがはねた後、ホステスを連れた客が流れて来るようになり、文字通りの合宿生活できたえた三人の話術の巧みさは銀座で評判となっていった。そして川口松太郎、久保田万太郎、東郷青児、中村勘三郎、守田《もりた》勘弥《かんや》といった、時の名士たちが店を訪れるようになってくる。噂が噂を呼び、お座敷からも三人に声がかかるようになった。お島さんが三味線を担当、吉野さんが歌い、青江さんは手足のばらばらなでたらめな踊りを踊ったが、それでも大ウケにウケてチップは山ほど入ったという。

しかし、いくら女装して店に出ていても彼女たちのプライドは高く、彼女たちが許せなかったのは、酔った客に「おい、おかま」と呼び捨てにされることだった。

「おかまっていうのは男娼ってイメージなのよ。上野の山でキタナイ格好して体売ってるって感じだわ。私たち恋はするけど、誰でも彼でもいいってわけじゃないんだから。自分たちはおかまじゃなくて、あくまでゲイなのよ」

と、三人の後輩にあたる熱海のゲイバー「のり平」のママは、ゲイとホモならいいけれど、おかまと呼ばれることは実に心外だと告白する。

こうして「やなぎ」の経営は軌道にのり、昭和二十九年には吉野さん、青江さんにスポンサーがついた。吉野さんは「ボンヌール」、青江さんは「青江」というゲイバーをそれぞれ銀座に開店、独立することになった。お島さんは笑ってふたりを送り出したが、内心ではふたりに嫉妬《しっと》し、悪口を言いふらしたり、吉野さんの店に出かけてストーブをひっくり返して荒れたりしたらしい。

「そういうネクラなところがおかまだって言われるのよ、ねぇ。私と青江が新橋から銀座に移ったでしょう。おっかさんとしちゃ、自分も早く銀座に行かなきゃ、って気持ちだったんじゃないかしら」（吉野さん）

そして昭和三十年、満を持して「やなぎ」は銀座八丁目に移転する。開店祝いで店を訪れた青江と吉野のふたりはトイレが大理石でできているのを見て、「まぁ、くやしい。これも私たちが体を売って稼いだお金で買ったに違いないわ」とふたりがかりでトイレを壊そうとした。

昭和三十年代の後半から四十年代にかけてが本格的ゲイバーの全盛期だった。「本格的」とは、整形手術による女らしさやステージショーを売り物にするのでなく、かつての銀座のクラブのようにしゃべりで客を魅了する店のことである。銀座には「やなぎ」以下三店に加えて、「お福」「真弓」「トミー」ができ、六本木、新宿にも次々と同じような店が現れた。青江さんは銀座店だけでなく、鎌倉や熊本にも支店を出し、ついにはパリのカルチェラタンに日本人ゲイボーイを置いた姉妹店「パピヨン」を開いた。現在タレントとして活躍するカルーセル麻紀は銀座からパリ店までホステスとして出かけていった「青江」出身者のひとりである。さらに青江さんが新聞、テレビ、ラジオなどのマスコミに「青江のママ」という肩書きで登場し、ゲイ業界のスポークスマンのようになったのもこの頃のことだ。昭和四十二年になると吉野さんは銀座の「ボンヌール」を閉め、六本木に移り、「吉野」を開店する。

美術評論家の故青山二郎は銀座の遊び人としても有名だったが、最初のうちはゲイバーへ行くことを嫌っていた。しかし一度知人に連れて行かれて以来、彼女たちの話術に魅了され、昭和五十四年に亡《な》くなるまで、夫人を連れて毎週のように「やなぎ」や「青江」に通うほどになり、ついには広島や博多までゲイバーの探訪に出かけたという。そのなかでも「やなぎ」の勘定は実に高かった。青山夫人の和子は「昭和四十年でもひとり四万円から五万円した」と記憶している。とても一般のサラリーマンが入れる店ではなかったわけだ。

来店客の大半は水商売の女性、そして芸能人、成金……。なかでも水原弘《ひろし》、藤山寛美のふたりは湯水のように金を使い、店がハネた後、彼女たちを熱海へ、箱根へと旅行に連れて行った。

「あの頃リンボーダンスがはやってたんだけど、お客さんのなかには棒の支えを札束で作って、棒をくぐれたら、そのお金を全部くれる人もいたくらい。それだけじゃないわ。振り袖《そで》を着て踊ってたら、長い袖のなかに札束を押し込んでくるのよ。入りきらなくて襟元にまで入れられたことだってあったもん。そして店が終わって明け方になると車を雇って熱海の伊豆山にある温泉宿『桃李境《とうりきょう》』に行くのよ」

当時、「吉野」に勤め、今は横浜にあるゲイバー「貴婦人」で働くめ目さんは大盤振る舞いの日々をそう思い出す。

それほど景気がよくなってきたなかでもお島さんは決して手綱をゆるめることなく、十人に増えた新人ホステスたちを軍隊仕込みのスパルタ教育で鍛えた。

「従業員は接客中にものを口にしてはいけない」

「銀座八丁目から新橋へ出かけるときでも決して歩いちゃいけない。車を使うのがプロの根性だ」

かつらの座りが悪い子や、化粧に手を抜いている子を見つけたら、お島さんは遠慮なくひっぱたいて、そしてけとばした。入店試験のときには待合室にわざと五百円札を落としておいて、それをかすめる子はどんなにきれいでも絶対に採用しなかった。踊りや三味線を習うことと高額な着物を着ることを強要し、そのための金を無理やりに前貸ししておしつけた。

彼女のもとから独立した青江さんが美少年にお金を貢《みつ》ぎ、吉野さんがそこそこの生活を楽しんでいると聞いても、お島さんだけは気をゆるめず、鬼の経営者となり「女の子のいるクラブより金を稼いで銀座で一番の店になる」ことだけを目指していた。高度成長期の真っ最中であり、日本のエリートサラリーマンも「やなぎ」のお島さんも「追いつき追い越せ」の精神で自らの仕事に邁進《まいしん》していたことになる。

昭和四十年代の後半、さすがのお島さんも五十の声を聞いて、多少、人格が丸くなったようだった。夏休みには生まれ故郷の銚子に従業員たちを連れて行き、旅館をとって新鮮な魚をおなかいっぱいになるまで食べさせた。

従業員たちは、お島さんが生まれ故郷の小学校にピアノを寄付していたり、親戚《しんせき》の子の結婚式には総桐《そうぎり》のたんすに衣装を詰めてプレゼントしている事実を知り、「やなぎ」のオニババアが銚子では優しい「足長おばさん」になっていることに首をひねった。

生家の「島長」と言えば銚子では名門。

「おっかさんって呼ぶんじゃないわよ。必ず社長と言うのよ」とお島さんは出かける前に従業員たちに釘《くぎ》をさしたが、もともとがくねくねした態度の彼女たちはいくら男装してしゃきっとした振りをしても、しゃべる言葉でゲイ稼業《かぎょう》がバレてしまうのだった。

そして「やなぎ」の一行は海外へも慰安を兼ねた研修旅行に出かけるようになる。進駐軍との商売で英語をマスターしたお島さんにとっての外遊はお金と権力のシンボルであり、一ドルが三百六十円でまだ海外渡航者も少なかった時代、ハワイ、ラスベガス、サンフランシスコ、メキシコのアカプルコへ大勢の従業員たちを連れて行くことは、彼女にとって得意満面のことだった。旅行費用は彼女持ちだったが、小遣いは各自が出す。どういうわけかお島さんはひとりあたり百万円の現金を持ってくるよう要求し、それをすべてブランドもののドレスや宝石に使うよう命令した。どうやら彼女は自分だけが大金を出すのが悔しく、従業員たちにも同じだけの金を使わせようとしたらしい。

夜は現地にあるゲイバーを親善訪問を兼ねて見学したから、帰国すると旅先で親しくなったアメリカ人やメキシコ人のゲイが店に押しかけてくる。発展してゆく日本と同じ速度で「やなぎ」の国際化も進展していったのだった。

昭和五十年代になると「コミックパブ」「ショーパブ」と銘打った性転換手術をした男たちが歌い踊るパブが登場する。マスコミに「ニューハーフ」ともてはやされた彼らのことを、お島さんは「親にいただいた体に傷をつけた」と憤慨し、目の敵にしたが、そういった店の料金はひとり一万円以下で「やなぎ」よりぐっと安く、二十代、三十代のサラリーマンやＯＬたちが自分のお金できゃっきゃっと遊ぶことができた。それまでのゲイバーが漂わせていた隠花植物の持つ暗さを引きずっていない、明るく健康的な居酒屋なのだ。そういった店の従業員たちもあっけらかんとして整形した胸や尻《しり》を見せてさえいれば客が喜ぶので、「やなぎ」でやっていたような礼儀作法や芸を覚える必要もない。若いゲイボーイたちは楽ができてしかもトレンディなショーパブで働くことを志向するようになり、「やなぎ」や「青江」の従業員も客もしだいに高齢化してゆく。

そして昭和六十年代に入って、エイズショックがゲイバーを直撃する。「おかまは全員エイズ」という誤った噂が世間を駆けめぐり、ゲイバーはほぼ全店が開店休業状態を余儀なくされた。お島さんは「陰性」の診断証を首から下げて、「うちの店の子は全員大丈夫よ」と気を吐いていたが、店のなかは目に見えて寂しくなっていった。もう、お島さんひとりがいくら「前へ進め」と号令をかけても、時代はゲイバーにとって厳しい環境ばかりを用意するようになっていたのだった。

平成元年の十一月二十八日、「やなぎ」は突如として閉店する。年の瀬の稼ぎ時を控えた時期に店を閉めたのは、その前年、お島さんが青山の自宅で脳血栓で倒れ、入院したからである。その後遺症でぽんぽんと威勢のいい会話ができなくなった彼女は、言葉が出てこないことが歯がゆくて、同時に店を続ける気力を失ってしまった。

全国からゲイバーのママが集まり、女優の京マチ子やＮＨＫの山川静夫《しずお》アナが顔を見せた閉店パーティーの席で「身体《からだ》が悪くなってはどうしようもないもの」と気弱なセリフを吐いていたが、その前夜に「おっかさん、閉店のお祝い何がいいかしら」と尋ねた赤坂のゲイバー「ニューはる」のママ、おはるさんには「金だよ。金。決まってんだろ。花なんか持ってきたら承知しないからね」と、その時はすらすらと言葉が出たそうだ。

こうして数々のゲイ伝説をつくってきた日本のゲイバーの先駆け「やなぎ」は創業

四十周年を目前にして、東京の夜の世界から消えていったのである。

平成六年の八月、六本木に移っていた「青江」も、四十五日間ひとりも客が来なかったため、ついに閉店。青江さんは九月から横浜のゲイバー「貴婦人」で従業員として働きはじめた。

「ここのオーナーが客分で来てくれと言ってくれたから。最初は都落ちの気分だったけど、どこでもいいのよ、働ければね。今は波止場のおかまよ。私、老人ホームなんてじじいとばばあのところは嫌いなのよ。恋をしてなきゃ、いつでも。でも二十五歳以上は駄目。若くてきれいなノンケの男を落として貢ぐのが生きがいだから」

青江さんはお店のボックスシートに深々と座り、小さなワイングラスでコーラを飲みながら凄《すご》みのある声で語った。

「どうしてお酒を飲まないんですか」と尋ねたら、「馬鹿《ばか》ねぇ。こんな時間から飲んでたら寝ちゃうのよ。朝の四時まで毎日仕事してんだから」、そう彼女が答えたのは午後の十一時半頃である。

「青江さんはねぇ、山あり谷ありの人生を送ってきた人だから。好きなことをやっていればいいのよ。そういえば『やなぎ』のおっかさんも、また倒れて銚子に戻ったそうよ、いやねぇ、漁師になろうってのかしら」

平成六年頃、「吉野」へ行くと、吉野さんは毒舌を吐きながらも僚友、青江さんを気づかっていた。しかし、その「吉野」も六本木ヒルズの敷地となり、今はない。
お島さんは「やなぎ」を閉めた後に銚子に帰郷し、姪《めい》夫婦の世話を受けて暮らした。彼女が住んでいたのは犬吠埼《いぬぼうざき》の灯台から歩いて五分ほどの一軒家である。そして、晩年の様子はこんな感じだったらしい。杖《つえ》をついて外出することもあったが、ほとんどは、家のなかにいて、テレビを眺めたり、うとうとしたりして一日を過ごしていた。言葉が出るまでに多少、時間がかかった。会話をできないことはないが、
だが、食欲は死ぬまで旺盛《おうせい》だったという。実家の魚問屋から毎日、タイ、ヒラメ、カサゴといった白身の高級魚を届けてもらい、その刺し身をご飯に盛り上げて食べていた。八人兄弟で育ったお島さんは子どもの頃からおかずの奪い合いが身体にしみついており、「やなぎ」時代、鰻《うなぎ》屋で誕生パーティーをやったときも、大皿に盛られた鰻やおしんこをいったんは自分のご飯茶碗《ぢゃわん》に盛り上げてからでないと、口に運ぼうとしなかった。ひとり暮らしになってからは誰もお島さんのおかずに手を伸ばすことはないのだが、長年の習い性は抜けず、彼女の食事のスタイルは少しも変わらなかった。
不自由な手で三味線の棹《さお》をなで、化粧はしなくなったが、十日に一度は散髪を欠かさなかった。そして世話をしている姪に「私、きれい」と尋ねてきたので、「きれい

よ、とっても」と答えてあげると、にゃーっと嬉《うれ》しさをかみしめるような複雑な笑顔を見せた。

取材で、私が会いたいと訪れたとき、「化粧してないから」と、お島さんは最後まで姿を見せなかった。化粧していない顔を恋人以外の男に見せるのは彼女の美学に反する、ということだった。

その折のことである。銚子から東京に戻る前、私は「島長水産」を訪ねて、あいさつをした。

「それにしても、親戚とはいえ、実の親ではないわけでしょう。失礼とは思いますけれど、田舎のことでもあるし、近所の目は気にならないんでしょうか。つまり、えーと、家を出ていったおかまのおじさんをどうしてここまで面倒を見てあげるのですか」と、つっかえつっかえ聞かなくてもいいことを尋ねたら、甥《おい》の「島長水産」社長、島田俊雄《としお》氏は、私のひるんだ感じの緊張が伝わったのだろうか、彼もまた小声で、言いよどみながら、こんな話をしてくれた。

「昭和二十九年頃でしたかな。私の母が破傷風に罹《かか》って、治すには一本千七百円のペニシリンの注射を日に七本も八本も打たなきゃならないんですよ……、ええ。

それで注射代のために裏の土地を売ったんだが、この辺じゃ田舎だし、海のそばで風も強いだで、土地なんて二束三文にしかならんですよ。一坪三百円にしかならなかったです、はい。

金がなくなってきて、母親の体の具合はますます悪くなってきて、もう目の前が真っ暗になって、私は死んだ父親の兄弟のなかで一番金持ってる魚屋の叔父のところに、恥をしのんで金を借りに行きました。わたしゃあ、まだ二十二、三だったです。担保にと思ってカメラを一台持って小さな弟の手を引いて叔父のとこへ行って手をついて頼みました。あんときゃあ、そら、恥ずかしい思いをしたです。そしたら『おまえの女親は俺のほんとの兄弟じゃあないもんな』と叔父に借金断られて……。そんとき、わたしゃあ、身体がこう、ぶるぶるっとふるえました。声も出んですよ。ふるえてふるえて、そのままの足で弟の手をひっつかんで、烏森に正雄のおんつぁんを訪ねたんです。

おんつぁんは汚い三畳間に男三人で住んでて。夏の暑い日だった。おんつぁんは風《ふ》呂《ろ》でも浴びたように汗かいてて、ランニングとパンツ一丁で、それでゲタ履いて出てきてくれました。私が事情を話したら、背中をボリボリかきながら二階へ上がっていきました。それでどっかから出してきた五万円の札束を私の手に握らせてくれたんです。わたしゃあ、お礼も言わんかった。なんも言わんかった。だが、せめてカメラをおんつぁんにとってもらわにゃどうにもすまないと思ったで、カメラの紐《ひも》つかんで差し出したですよ。したらおんつぁんは『馬鹿なことすんな』って。

結局、母親は死んじまって。でもわたしゃあ、あんときの金、おんつぁんにはまだ返してないんですから。そう、だからおんつぁんには魚くらい食ってもらったって、バチあたらねえよ、ちっとも」

＊

平成八年三月十七日、朝食を終えたお島さんはトイレに向かう途中倒れ、その数時間後に息を引き取った。享年《きょうねん》七十六。「満州、新橋、銀座……」ときれぎれに呟《つぶや》き、彼女の魂は天の果てに昇っていった。お島さんの葬儀には東京や京都から大勢の現役のおかまが集まり、また生前、彼女がピアノを寄付した小学校の児童も参列した。ゲイバー界のドンの死にふさわしい、それは盛大な葬儀だったという。

命懸けで届けた被災地への電報

東京のどまん中、大手町の逓信《ていしん》総合博物館の隣に何の変哲もない四角いＮＴＴのビルがある。このなかでひっそりと働いているのは、電話やデータ通信ではなく、まして話題のインターネットでもマルチメディアでもなく、一〇四の番号案内、そして電報といったコストのかかるわりに儲《もう》からない昔からの通信業務に携わる人々だ。ビルの一階にあるのがＮＴＴから配達業務を請け負っている㈶電気通信共済会の千代田電報配達所。

平成七年七月に行われた参議院選挙とそれに続く内閣改造の時には、この配達所にＮＴＴを退職した男たちが応援部隊として集まっていた。国会や議員会館を区域内に持つ千代田配達所の場合、都内に五十四ある他の配達所とは違って、議員が当選したときや大臣に就任したときは電報の通数が普通の日の数倍にも増えてしまう。そこで仕分けやら配達にはどうしても応援の人数が必要になってくるのだ。そんなときに活躍するのが、電報が通信コミュニケーションの柱だった昭和三十年代に第一線で働いていた人々、つまり電報の黄金時代を経験したプロフェッショナルたちなのだ。

平成六年、日本国内で一年間に発する電報は約四千三百万通。もっとも電報の需要が多かった昭和三十八年には九千五百万通もあったのが、電話やファクシミリの普及とともに減り続け、昭和六十一年には四千万通にまで落ち込んだのを、ここ数年、メロディ電報やおし花電報といったパッケージの高級化、さらに父の日や母の日の電報といったプレゼントとしての新たな需要を開拓し悪戦苦闘してきた結果、やっと数字は上向きになってきた。料金は何とも安い。かな電報なら全国一律で二十五字まで二百五十円。この値段で打ってから三時間以内には相手先にちゃんと届けてくれる。

「今の電報はもう通信じゃないな。花とかチョコレートみたいなギフトだよな」

そう言うのは熊《くま》さんこと大熊松蔵。えらの張ったいかつい顔をした彼は六十三歳になるが、NTTを退職してからも千代田電報配達所に嘱託勤務をしており、繁忙時に集まってくる老兵たちをにこにこしながら迎え、てきぱきと仕事の手配をするのが彼の役目である。彼の言う通り、現在の電報の九割以上は一刻を争って配達するものでなく、お祝いやお悔やみといった慶弔電報であり、決められた日時に届けるものなのだ。

「あの頃は違うよ。一日に百も二百も電報持って自転車で走り回ったんだから。雪の日なんか駆け足で配達したこともあったよ。私らは先輩たちにとにかく早く届けろって、そればっかり言われたもんだ」

熊さんは昭和七年、埼玉の春日部《かすかべ》に生まれた。家は農家で、彼もまた高等小学校を出た後、親と一緒に田んぼに出て米を作り、稲刈りの後は麦を植えた。戦後すぐの頃、彼の住んでいた辺りは現在のような東京のベッドタウンではなく、武里村という名の純粋な農村で農業以外の産業と言えば、桐《きり》のたんすと麦わら帽子を作るくらいだった。

昭和二十五年、十八歳の十二月、農閑期で家にいた彼は墨田区の本所郵便局に勤める叔父から「暮れの人手が足りない。お前、暇だろうから手伝いに来い」と誘いを受けた。熊さんは年賀状の配達でもやるのかと思ったが、叔父は「同じ年賀だが電報の方だ」と説明してくれた。前年の昭和二十四年、日本を占領していた連合国最高司令官マッカーサー元帥《げんすい》は郵便も電信電話も管轄《かんかつ》していた逓信省の独占を嫌い、郵政省と電気通信省に分割することを決めた。しかし、現場においてはまだ同じ釜《かま》の飯を食っていた顔見知りの仲間たちが毎日のように顔を合わせ、仕事の話をしたり、アルバイトの人手を融通し合っていたのだ。

師走《しわす》の冷たい風のなか、熊さんは春日部から東武電車に乗って浅草へ行き、そこから都電で両国へ。震災記念堂（現・東京都慰霊堂）の横にあった本所電報局に着いた。

本所電報局は本所、両国一帯の下町を配達区域としており、担当者は入ったばかりの熊さんも含めて十二人。

「先輩たちはみんな戦争から帰ってきたばかりの年配の人でね。おっかない感じだった。私はまだ十八でしょう。子供みたいなもんさ」

配達員は紺の帽子に紺の制服、そして黒の半長靴《はんちょうか》というスタイルなのだが、熊さんには電気通信省支給の制服が間に合わず、実家から着てきた紺のジャンパーに郵便局の帽子をかぶり、早速配達に行かされた。しかし、彼には不当な扱いを受けているという気分はなかった。熊さんには電報を一生の仕事にしようなんて気はさらさらなかったからだ。米が十キロで四百四十円だった当時、配達員の初任給は四千円に満たなかったし、まだ戦後の食糧難が尾をひいていたから実家で米や麦を作っている方が彼にとっても一般の人にとってもはるかに価値のある仕事だった。

「まあ、しろかき（田植えの準備）が始まるまでだな。春になったらまた田んぼに戻ろう」

そう思えば制服が支給されなくとも卑屈な気分にはならなかった。だが、もくろみ通りにはいかず、その後、熊さんは二度と田んぼに立つことがなかった。彼の真面目《まじめ》な性格と若さから来る馬力は、配達効率を上げようとする上司に気に入られ、正式な職員に推薦され、両親も叔父の説得で息子を公務員にすることに納得した。今でこそNTTは大学生たちの間で文系理系を問わず就職人気の高い企業だが、その頃は熊さんのようにまったく無試験でもぐりこんだ者もいたわけだ。

昭和二十七年、電気通信省は日本電信電話公社となり、紺色の制服は職員たちが「でんでん色《いろ》」と呼ぶ薄緑色のそれに変わった。

正式の職員となった熊さんが下町を駆け抜けていた昭和三十年、ラーメン一杯の値段は二十五円で、電報料金は十字以内ならば二十円（市外は三十円）。電話の普及率が百人あたり二台という水準だったから、電報はコミュニケーションの根幹を担《にな》っていた。個人で電話を引いていたのは医師か商店くらいだったから、緊急の場合、一般庶民は町内ならば走って知らせたし、遠いところならば迷わず電報局に走った。

「何時に上野に着くから迎えに来てくれ、とか、今日、柿《かき》を送ったから駅に取りに行ってくれとか、今なら電話で話してるようなことだよ。ハハキトクとか人の生き死ににかかわることはそれほど多くなかった」

熊さんたちにとって、電報の内容は通信の秘密に属することだから、電文の内容をのぞき見したのではない。彼らが覚えているのは配達先で内容を教えてくれたからである。当時、彼らが主に配達していたのは個人宅でなく、大口の需要家である企業。

むろん会社ならば電話は架設されていたが、金額や数字のやり取りのように口頭だと言い間違い、聞き間違いが起こってしまうようなケースでは電報の方が重宝されていた。また、市外電話は高かったので地方との通信にはやはり電報が使われていたのだ。

銀行の本支店間で毎日行われる送金額の確認、そして魚や野菜の卸売市場から、せり落とされた額を生産者に伝える……。このように少しでも早く、しかも記録を残しておかなくてはならない情報の通信は電報の独壇場だった。

「やっちゃ場の人たちの電文を受けつけるのは緊張するんです。せりが終わったばかりで気が立ってるでしょう。すみません、もう一度お願いします、なんて返事したら、『お前、トロトロしてるな。他の奴《やつ》と代われ』なんてよく電話で怒鳴られたもんですよ」

千代田配達所と同じビルにある東京電報サービスセンター課長・森田一義《かずよし》は、配達の経験はないが、モールス信号で電文を送っていた時代から電報業務一筋に働いている。彼は電文を受ける担当になったとき、市場の仲買人に怒鳴られたことを忘れない。普通の文章ならまだ聞きとりやすいのだが、日常的に電報を利用する顧客たちは少しでも料金を安くするために通信に暗号を使い、電文を短縮していたので、早口でそれをやられると新人のオペレーターは頭が混乱し、取り乱してしまうのだった。

昭和三十年代の本所辺りは大通りは別として、自動車の往来はまだそれほどでもなく、自転車に乗って、道の真ん中を全速力で疾走することも可能だった。

「郵便配達との最大の違いは電報は速く走らなきゃならないってことだ。たとえ局に戻ってくるときでもちんたらしてちゃいけない。俺は急いでいるんだという風情《ふぜい》を見せながら走らないと町の人たちが納得してくれないんだな。町の人のイメージに合わせた走りを要求されたわけで、のんびりペダルこいで、知り合いに挨拶《あいさつ》なんてしてちゃいけないんだ」

一度、局舎を出たら、矢のように目的地に向かい、そしてまたブーメランのように戻って来なくてはならない。郵便の場合は通常、郵便物を持った配達員が、午前と午後に各一回ずつ、配達地域を巡回するが、電報は午前と午後に三〜四回ずつ局と配達先を往復することになる。熊さんはまだ二十代であり、全速力で往復することをつらいとは思わなかった。電報をしまったウエストバッグは本来、ベルトに通した後、へその下に固定しておかなくてはいけないのだが、それではこぐときのじゃまになる。熊さんは局舎を出るとバッグをくるりと尻《しり》の方に回し、そしてサドルに腰かけるなんてこともせず、全身でペダルを踏み込んだ。

「うっとうしいのはだなー、電報屋とわかれば競争を仕掛けて来る奴が必ずいるんだよ。町では電報屋が一番速いってのが知れ渡ってるから、俺たちを倒して名を上げたいと思ってるんだよ」

工場帰りの勤め人、出前を終わった寿司《すし》屋やラーメン屋の店員、八百屋や酒屋のご用聞き……といった連中のうち、足に覚えのある者たちには電報配達員との競争が脚力を試すもってこいの機会だった。

熊さんが走っていると自転車を寄せてきて笑いかけるのがいる。ふたりの目が合ったとたん、自転車のロードレースが開始される。仕掛けてきた相手はぱっと全速力で飛び出すが、熊さんは動じない。わざと先行させてやり、相手の力がどんなものか様子を見る。そして相手が、何か変だな、おかしいな、と振り向いた瞬間、彼は後ろから風のように抜き去るといった具合にレースを進めた。

「いいんだよ。負けそうになったら、その辺の道を曲がっちゃえばいいんだから」

日頃鍛えた脚力と巧みな作戦のせいもあり、彼らは路上のレースでは不敗を誇っていた。しかし、そんな熊さんたちを震撼《しんかん》させる強敵もいた。それは映画のフィルム運搬人たちであり、電報配達員たちにとってライバルと言えるのは丸いフィルムの缶を背負った自転車だけだった。

「でもあっさりと負けるわけにはいかないからねぇ。上司にバレたら怒られるんだけど、少しでも速く走るためにみんな自費で自転車のギアを付け換えて、レース仕様にして出かけたもんですよ」

熊さんたちは鍛えた脚力を路上レースで試すだけでなく、年に一回、後楽園の競輪場や船橋のサーキットを借りきって、電報配達員たちだけのレースを開いた。しかし、町のでこぼこ道に慣れた彼らはサーキットのバンクが苦手で、直線では見事なハンドリングを見せるのだが、カーブにかかるとたいてい転んでひざをすりむいてしまうのだった。

さて、そんな配達員たちの楽しみと言えば、めったに会えないスターの家や日頃はのぞけない場所を堂々と訪ねられること。だが、それも配達区域によって当たりはずれがある。成城や田園調布といった高級住宅地ならスターの家を訪ねる機会もあるが、それ以外はまずそんなことはない。熊さんの配達区域だった両国には相撲部屋がたくさんあったから、千秋楽ともなれば、吉葉山、大内山、照国、若乃花《わかのはな》、栃錦《とちにしき》、大鵬《たいほう》、柏戸《かしわど》……と、たいていの有名力士の姿を見かけることができた。しかし都心のホテルを回る者は来日したスターあての電報を持って行くことができる。みんなが心底うらやましいと思ったのは、昭和二十九年二月、マリリン・モンローが夫、ジョー・ディマジオと新婚旅行に来て、帝国ホテルに泊まった時である。当時のモンローは人気絶頂で、羽田空港に二千人のファンが出迎えるくらいだったから、姿は見られなくとも、若い配達員なら、宿舎に行ってみたいという気になって当然だったろう。

千秋楽の夜、相撲部屋に祝電を持っていくと、「いっぱい飲んでいけ」と言われるのだが、仕事中に酒を飲むわけにはいかない。それでは、と相撲部屋の若い衆がお祝い品のおすそ分けをしてくれるが、大きなするめを抱えて自転車に乗ることはできない。そんなときは配達の途中であっても、一度、するめを置きに局へ戻らざるを得なかった。また、日大講堂のボクシング試合も、「ちょっとのぞかせてくれ」と頼めば、ただで入れてくれたし、映画館も同様だった。でも熊さんが楽しみにしていたのは隅田川の花火大会だ。当日は人が殺到して事故がおこるといけないので、川にかかる橋の上は立ち入り禁止になる。だが、「電報だ」と一言断れば、警備のお巡りさんたちも道を開けてくれた。その夜だけは熊さんもゆっくりとペダルを踏み、頭上の花火を見上げながら、電報を届けたものだ。

映画館や花火大会に限らず、当時の配達員たちは町の人々に実に丁重な応対を受けた。人々は緊急の知らせを運んでくる彼らに信頼感を寄せ、心から敬意を払っていたのだろう。

「でんぽうでーす、と真夜中に寝ている人をたたき起こしても文句を言われたことはないからね。たとえ、人違いでも、それでも、まず怒られたことはなかった。目指す家までの道を教えてくれたし、なかには寝巻き姿で案内してくれた人もいたよ。私は塀を乗り越えて入ったこともあったけど、それでも何にも言われなかった。ただ夜中の電報ってほとんどいい知らせじゃないんだな。出てくる人の顔がとにかくびっくりしていて、それで覚悟したような顔つきなんだよ。泣き出した人はいなかったけど、『ああ、やっぱり』とか言われると、こっちもなんかぐーっと来ちゃってね。そういうときは渡してすぐ、後も見ないでさっさと帰るようにしてたんだ」

昭和四十年からの十年間が、電報にとってもっとも悲惨な時期で、通数は八千五百万通から五千五百万通へと激減した。同じ時期、電話の普及は百人当たり七・五台から二十八・二台へと四倍に伸びているから、古い通信メディアが新しいそれに駆逐された様子が数字を見るだけで実感できる。昭和四十年には国鉄が「みどりの窓口」を開き、切符がコンピュータのオンラインで購入できるようになった。同じ年、三井銀行（のち、さくら銀行、現・三井住友銀行）も業界に先駆けてオンライン・リアルタイム・バンキングを導入している。こうしたデータ通信の普及もまた電報のマーケットを奪っていったのだ。

「僕が入社したのが昭和四十年。配達はすぐに自転車からオートバイに変わりました。

先輩たちと酒を飲んだら『もう電報の役目は終わった』なんて言ってましたよ」

千葉電報サービスセンターにいる昭和二十二年生まれの布施《ふせ》昭利《あきとし》は自転車配達を経験している最後の世代だろう。布施はオートバイが局に来た日のことを忘れない。嬉《うれ》しくて嬉しくて、毎日、ワックスをかけてピカピカにみがいた。何といっても自転車での配達は坂の多い地区はつらいし、また体が芯《しん》まで冷えるような冬、遠くまで電報を届けて、帰り道にタイヤがパンクしようものなら、泣きたい気持ちになった。布施が入った頃から一般電報が減り、慶弔電報の比率がぐっと上がったため、彼はまず、弔電を届けるときの作法を教わった。

「いいか、ちゃんと靴を脱いでお線香を上げて、拝んでくるんだぞ」と。布施は素直にその教えに従い、どこに行っても律儀《りちぎ》に拝んで歩いた。一週間ほどしたある日、「お線香を上げたら、饅頭《まんじゆう》をくれました」と報告したところ、職場にいた先輩たちは顔を見合わせ「お前、本当にやったのか」と笑う。彼はやっといっぱい食わされたことを理解したが、彼の配達地域では「ずいぶん丁寧な電報屋さんがいる」という評判がたっていた。しかし、配達する電報は目に見えて減ってゆく。とくに夜間の配達が激減し、家に帰るより宿直の方が身体《からだ》が休まる、なんて冗談を言う者もいた。昼間の配達も、大安や仏滅の日はいいが、それ以外の日は、午前は新聞、午後は読書、といったように、さすがの配達員たちも腕のふるいようがなくなってきた。ただ、一年のうちでも入試の発表や入社試験の面接日を伝える季節だけは忙しく、後は選挙があるのを心待ちにするような日々になってしまい、電報配達員たちは電話やデータ通信といった伸び盛りのセクションに異動するようになった。

昭和四十年代後半のこと、何とも気の重い仕事が増えてきた。それは消費者金融からの督促電報である。サラ金と呼ばれた消費者金融は四十年代に急成長したのだが、四十八年の石油ショック以降の不況で借金を返せない者が続出。借金を苦にした自殺者や家出人まで現れるようになり、一部業者による高率の利息とあこぎな取り立てが社会問題化した。金融業者たちは借りたまま返さない人々の居場所をつかむため、まず住所に電報を打ち、受け取ったと知ると督促に出かけるようにした。つまり電報は、結果として金融業者の水先案内の役割を果たすことになったわけだ。

「金を返してない人って表札を出してないんですよ。見つけにくいんです。それに家のなかにいても居留守を使って出てこないことが多い。だから何度も行かなきゃいけないし、また、家族、とくに子供には渡せないでしょう。しかし、それでも僕たちにとっては仕事ですから……。そう言えば何度も足を運んでやっと受け取ってくれた人に言われたことがあるんです。『電報屋さん。大声で呼ぶのやめてくれませんかねぇ』

って」

布施はその時、もうこれからは大声で電報でーすと叫んじゃいけないんだろうな、と感じた。彼らにとっては釈然としない仕事ではあったが、それでも電報事業が斜陽になってゆくなかでは、大切なお得意さまである。一時期は一般電報の六割を占めるほどの量だったから、徒労感はあってもそうした電報を届けるしかなかった。また、悪い時には悪いことが重なるもので、ちょうどその頃、「電報」と言って玄関を開けさせ、突然、強盗に変身するという、通称「電報強盗」が出現。配達員たちは自分たちには何の罪もなくとも、意気消沈してしまった。督促のための電報は昭和五十八年、消費者金融を規制する法律が施行されてからぐっと減ってしまった。

消費者金融の電報がピークにあった昭和四十七年、配達にはついに軽自動車が導入されるようになった。しかし、電電公社に入るのを希望する若者たちで、配達業務に就きたいという者はほぼいなくなっていた。「うちは電報もやってるんですか？」と真顔で聞いてくる者が入社してくるほど、電報はなじみのない通信メディアとなっていた。

昭和五十八年九月、民間活力を導入するために総裁に就任していた真藤恒《しんとうひさし》は定例記者会見において、「電報は安楽死する」と発言。後に撤回、陳謝したものの、態さんも、森田も布施も、そして電報業務に携わっていた職員たちは一様にがっくりし、また寂しい思いを味わった。彼らとて電報の需要が爆発的に増えるとは想像していなかったが、それでも必ず、電報は不滅と信じていた。それを公社のトップから冷水を浴びせられるようなことを言われて、表立って抗議はしなかったが、憤懣《ふんまん》やるかたない気持ちを持った。

昭和六十年、NTT発足とともに電報事業のうち配達部門はすべて別法人の㈶電気通信共済会、および他の民間会社に委《ゆだ》ねられることになった。それもまた収支率を上げるための方策である。その後、平成三年には夜間十時以降の配達が廃止され、宿直業務がなくなった。そして電報の台紙にうるしや刺繡《ししゅう》、おし花やメロディつきのものを使い、ついにはフラワー電報という花束と一緒に配達されるものまで登場した。その傾向は今に至るも続いており、電報は通信でなくギフト商品として成熟しつつある。

では、電報の「知らせる」役目はもう終わってしまったのだろうか。熊さんや布施たちが一刻を惜しんでペダルを踏んだ、あの男たちの気持ちはもうITの世の中には通用しないのだろうか。真藤が口を滑らせてしまったように「ご用済み」となった電報はいずれ、安らかに死を迎えるのだろうか。

そうではなかった。

電報はギフトメッセージではなく、通信メディアとしての力をちゃんと持っていたことが証明されたのだ。

阪神・淡路大震災の折り、電話線が破壊され、また殺到した通話のため、ラインの容量がパンクし、通話不能の状態が長く続いた。そのとき、昔日《せきじつ》の記憶がある五十代以上の人々は見舞いや安否を気づかうために現地に電報を打ったのだ。電話やガス、電気の復旧については新聞やテレビのニュースが刻々と伝えていたが、あの日、自衛隊と相前後して、東京、東海、兵庫県以外の関西地区からは電報配達員たちが被災地へ駆けつけ、自らの危険も顧みず、瓦礫《がれき》を乗り越えて電報を届けていた。その事実はまったく報道されていない。

「災害のときはなんつったって電報ですよ。確実ですから」

そう太鼓判を押すのは昭和三年生まれの江戸っ子、熊さんの先輩にあたる田中実。彼は第二次世界大戦前から逓信《ていしん》省の電報配達員を務め、昭和二十年三月の東京大空襲のときには焼け落ちる本所電報局から電報を背嚢《はいのう》に詰めて運び出し、焼け野原のなかを電報を配って歩いた筋金入りの男である。戦後も台風や大水、地震があるたびに仲間たちと一緒に応援に駆けつけた経験を多数持つ。

「やっぱり、一番記憶に残ってるのはあの三月十日の東京大空襲ですよ。下町は何にもなくなっちゃったからね。僕は宿直してたんです。銀色のB29が低空でやって来て、向島、本所、浅草あたりに焼夷弾《しょういだん》をどんどん落としてゆくんですよ。赤い色したのはまだ温度が低いんだねえ。だからミカン色や黄色いのが怖いんだよ。でもきれいだったね。怖いけどきれいなんだ。僕はまだ十六でしょう。背嚢かついだままずっと立って見てましたよ。花火みたいだなって。それで次の日から近くの梅若小学校に局舎を移してね。そしたら電報がたくさん来るんだ。僕たちはそれを山ほど持って、避難所訪ねて、人を捜しては渡してゆく。眠る暇なんてなかったね。僕たちはこの電報だけはどうしても届けなきゃならないって、ふんばって捜したよ。でも焼け落ちた小学校の壁に人間の形にすすがついてたり、道にまだ遺体があったり……。それでも配達したんだ」

熊さんは「マルチメディアやITも今後は大切だ」と言いながら、「しかし、地震のときはそりゃ電報だ」と胸を張る。

「もう一度配達したいと思いますか」と尋ねてみたら、「いや、もうやりたくない」と、きっぱり言う。

「オレは犬がだいっ嫌いなんだ。どこ行ってもいつも嚙《か》み付かれる。あれはきっと犬もオレのことが嫌いなんだよ」

そういうわけなので彼は二度と電報を配達する気はない。

銀座より新宿を愛したナンバーワン・ホステス

「いらっしゃいませ、みなさま。ご機嫌うるわしゅうございますか。本日は新宿歌舞《かぶ》伎町《きちょう》『クラブハイツ』にお越しくださいまして誠にありがとうございます。今宵《こよい》のショーは八時半より、歌謡界の魅惑の歌姫、辺見マリが出演いたします……」

〝東洋一〟のキャバレー、「クラブハイツ」へはポーターの高橋弘美《ひろみ》が先導する専用エレベーターで行く。金モールの制服制帽に身を固めた高橋は、狭いエレベーターに同乗する客に最敬礼しながらいつもの名調子で歌謡ショーの演目を紹介してくれる。

バブル崩壊後の不況から来た交際費の削減で、現在、水商売の世界には寒風が吹いている。クラブやスナックといった女性の働く店では経費をきりつめるために、従業員を減らし、ママが一人何役もこなすといったリストラで苦境を乗り切ろうとしているようだが、それも起死回生の策とはなっていない。そんなナイトビジネス冬の時代にホステスを百人以上もかかえ、しかも生バンドの演奏を入れ、さらにはエレベーターにポーターまで配置するといったおよそ効率の悪い経営を行っている店がまだある。

業界ではグランドキャバレーと呼ばれる大型のキャバレーがそれだ。都内に残っているのは、新宿「クラブハイツ」の他に、銀座の「白いばら」くらいではないか。

　コマ劇場隣の新宿東宝会館ビル八階にある「クラブハイツ」は今も生き残る正統派グランドキャバレーの代表であり、昭和四十八年のオープン以来、長年にわたって、毎晩、五百名以上の客たちを楽しませてきた。

　キャバレーといえば、薄暗い店内で女性がエロサービスをする「ピンクキャバレー」を思い浮かべる人もあるだろうが、正統派キャバレーではもちろん、その種のサービスはやらない。酔っ払ったふらちな客がホステスのお尻《しり》にタッチする程度のことはあっても、本来のキャバレーとは女性と会話をし、生バンドの演奏を楽しみ、ダンスを踊る健全な社交場なのだ。風俗営業等取締法を見ると、キャバレーには踊れるダンスフロア、そして生バンドが演奏するステージの両方が必要となっている。フロアもステージもないところはすべて〝サロン〟となってしまうので、本来の意味でのキャバレーというのは、実際にはそれほど多くは存在していない。また、キャバレーでは、客席でふしだらな行為が行われないように、シートの背はあくまで低く設計されており、場内の照明も「新聞が読める程度」の明るさに調光されている。

「クラブハイツ」の店内はまるで体育館のように広い。中央に位置する六十二坪のダンスフロアを含め、店内は四百四十三坪もあり、そこに二百八十名のホステスがいる。面積にして、銀座の平均的なクラブの二十倍はあり、ホステスの数にすれば優に十数倍となる。

満席ともなればそこに三百五十人の客があふれかえるから、店内は築地《つきじ》の魚市場とさして変わらない雰囲気だ。ただホステスがつける香水の匂《にお》いが充満しているところが違うくらいではないか。だから、せっかく生バンドがなまめかしいムードミュージックを演奏しても、店内は活気づくばかりで少しも淫靡《いんび》な気配とはならない。

遠い昔は女給と呼ばれていたキャバレーで働く女性たちの呼び方も、時代とともに変化してきており、女給、社交係、ホステスを経て、今ではコンパニオンもしくはレディスという呼称になった。「クラブハイツ」二百八十名中のナンバーワン・レディス、長坂さんによれば「呼び方は何でもいいわ。女の子の平均年齢？ そりゃ若いわよ。二十代じゃないかしら」とはいうものの、長坂さん自身二十年近いキャリアを持っているとのことであり、さらにまわりを見渡してみると、女性陣の高齢化は進行している感が強い。「玉音放送を聞いた」ことのあるベテランも現役で活躍しているくらいだ。長坂という野暮な感じの源氏名は昼間、客のオフィスに電話するときのことを考えてつけたのだという。確かに「ナオミ」やら「マリコ」では会社の同僚たちも電話を取り次ぎにくいだろう。そうした客の立場を考慮して、近頃では名字を源氏名にするレディスがだんだん増えてきているそうだ。「バブルの頃は、『男からは取って取って取りまくれ。会社のひとつやふたつつぶしてやれ。それで立ち直れないようなのは男じゃない』なんて、開店前のミーティングでゲキをとばされたけど……。今はいいの。無理しない範囲で飲みに来てもらえば」

ショーが始まるのは八時半と十時半の二度。カラオケ全盛の現在、生バンドとプロの歌手がステージに立ち、キラキラとしたミラーボールが回るなか、ムードミュージック、ジャズ、ポップスを情感たっぷりに歌いあげる。歌謡ショーもまたキャバレーの大切なエンターテインメントであり、店側も趣向を凝らしている。歌手のほとんどは演歌や歌謡曲の新人であり、まだ体に合わない派手なドレスを着て真剣な表情で力演する。

「やっぱりテレビに出ないと売れないんだよ」と新人歌手の行く末を案じるのは、開店以来、バンドマスターをつとめる錦織英雄《にしこおりひでお》。

「お客に人気のあるのはクールファイブの歌とか演歌、ハワイアン、ジャズ。ユーミンや小室哲哉《てつや》みたいな、今のアイドルの曲は駄目ですよ、うちのお客さんにはついていけません。かといって、古ければいいってもんじゃないんですよ。お客さんの好みっていうのは微妙です。一番困るのがリクエストでね。ローレライとか琵琶湖《びわこ》周航の歌をやってくれという人がいるんだけど、しんみりとした名曲をやると客席で泣き出しちゃう人が必ずいるんですよ。でも、もうこれから新しいキャバレーをつくる人なんていないし、僕らの職場は減る一方ですよ。昔は給料とそれにお客からのチップで食えたけど、今は、昼間にアルバイトしているバンドマンも結構いますよ」

錦織の話は気勢が上がらないが、客のなかにはこうした生バンドの演奏と、そして演奏をバックにしたダンスを目当てに来る人も数多い。昭和三十年代の青春時代から、新宿での遊びを熟知している「クラブハイツ」の常連、不動産会社社長の平井洋二もそのひとりだ。彼をはじめとする長年の常連客たちの分析によれば、昔はダンスをしに来る客が一番多く、次が女の子を口説きに来る客だった。それが今では社用の客が圧倒的に多くなってきたという。接待費の少なくなったサラリーマンたちが銀座のクラブから新宿のキャバレーに流れてきているのだという。

「キャバレーは見かけがゴージャスなわりに料金が安いのが魅力だよ。女の子と話して、それに音楽を聴きに来れる店なんて今、ないでしょう。ひとり一万五千円といったところだし、それに時間制じゃないから、何時間いても料金は変わらないんだ。まあ、女の子を落とそうと思えば金がかかるから、それは考えない方がいいんじゃない」

フロアのすぐ脇《わき》に陣取っているのはダンスマニアの客が多い。たいていひとりで来ている彼らは踊りのうまい女性を指名し、酒も飲まず、生バンドの演奏に合わせて、ひたすらダンスに励む。ともあれ、ショータイムとなれば、フロアには人が繰り出し、客席では気に入った女の子を連れ出そうとこっそり耳打ちを始める客の姿が目につくようになる。

キャバレーの歴史は古い。明治四十四年、京橋区日吉町（現、銀座並木通り八丁目東側）にできた「カフェ・プランタン」は初めて〝女給〟という名称の従業員をふたり雇い、接客サービスを始めた。これが現在のキャバレーとナイトクラブの原型だろう。以後、カフェーにはダンスフロアが併設されるようになり、大正年間にはほぼ今のキャバレーと同じ業態が完成する。昭和初めのエロ・グロ・ナンセンス時代には全国に約七千五百軒の、女給を置き、ダンスフロアを併設したカフェーがあったというから、酒と女とダンスという取り合わせはすでにその頃から大衆の娯楽となっていたわけだ。

そして第二次世界大戦後、進駐軍がもたらしたジャズブームから社交ダンス熱が高まり、また戦時下統制のなくなった解放感もあいまって、東京にはキャバレーが雨後のタケノコのように乱立する。昭和二十一年にできた「メリーゴールド」「メイフラワー」（銀座）を皮切りに「ナンバーワン」（日本橋）、「ムサシノ」（新宿）など、盛り場にはフロア面積の大きな大バコのキャバレーが姿を現し、「クラブハイツ」も昭和二十八年に渋谷百軒店《ひゃっけんだな》に第一号店をオープンした。昭和三十年代に入ると、日本の高度成長とともにキャバレーの数が増え、同時に多様化してきた。

力道山が刺された（昭和三十八年）ことで名を知られた「ニュー・ラテン・クォーター」（赤坂）、旧名、根本七保子がインドネシアの故スカルノ大統領と知り合い、デビ夫人となった舞台「コパカバーナ」（赤坂）のような高級ナイトクラブ、素人《しろうと》女性を起用したアルバイトサロン、略してアルサロ、ホステスに陸軍や海軍の制服を着用させた軍隊キャバレー、そして「クラブハイツ」のような正統派で大衆客を相手にするもの……とさまざまな種類のキャバレーが登場したのがちょうどこの時期だ。

東京オリンピックの年、昭和三十九年にはこうしたキャバレー最盛期を象徴する店として〝キャバレー太郎〟こと福富太郎が銀座八丁目（現博品館ビルのあるところ）に一千坪のキャバレービル「銀座ハリウッド」を開店。「松井須磨子《すまこ》から加賀まりこまで」と銘打ち、老若七百六十一人のホステスを揃《そろ》え、内外の客を迎えた。

福富は当時の新聞広告に「驚くなかれ、世界の三バカ。万里の長城。戦艦大和。銀座ハリウッド」と並べ、勢いを誇示したが、店自体はコストのかけ過ぎで三年後には規模を縮小している。

今もキャバレー業界の先頭に立つ福富は往時を顧みてこう語る。

「あのときのバカというのは愚か者という意味でなく、バカでかいという意味なんだ。そうでないと大和とともに海底に沈んだ四千人の将兵に対して申し訳がたたない。まあ、あの店をやった頃がキャバレーにとっての一番いい時代だったね。その後にももう一度ブームがあったが、昭和四十年代後半になると、『ハワイ』とか『ロンドン』みたいなピンクサロンができて、エロサービスで店を増やしていった。以来、困ったことにキャバレーとピンクサロンが混同されることになったんだよ」

福富の言うように正統派キャバレーが健全な娯楽を提供しているのに、「ハワイ」や「ロンドン」といったチェーン店では〝ピンクキャバレー〟という言葉を作り出し、激しい肉弾サービスを繰り広げたから、一般の人々はキャバレーと聞けば、いやらしいエロサービスをする店のように誤解してしまったのだ。

そうしたキャバレーに対してのイメージが低下していくなか、正統派の誇りにかけて巨大なフロア面積と多数のホステスを揃えてオープンした店が斯界《しかい》最後の大バコ店であり、開店当日にはホステスの引き抜きに激昂《げきこう》した数百人のヤクザが店を取り巻いたことで名を売った歌舞伎町の「クラブハイツ」だった。

「開店の当日はマネジャーも従業員も殺気だってたわ。当時、新宿には二十軒以上のキャバレーがあったけど、『クラブハイツ』はそこから三百人以上のホステスを引き抜いたから、他の店はそりゃ怒るわよ。引き抜かれたホステスの出勤をやめさせようと、ヤクザが『クラブハイツ』の入り口で頑張ってるんだもん。あたしたちは裏口から決死の覚悟で店に入ったのよ」

昭和二十年生まれの、源氏名、紅《くれない》さんこと近藤典子《のりこ》は、「クラブハイツ」のオープン時に同じ新宿のキャバレー「不夜城」からスカウトされてきた。彼女は昭和四十三年に大阪から上京し、「不夜城」に勤めて以来、「クラブハイツ」にいた五年も含め、十年もの間ナンバーワンを続けたという不世出のホステスである。しかし、おかっぱ頭に薄化粧の紅さんは見たところ、水商売歴戦の勇士という艶《つや》っぽさはなく、豪快に「ガハハ」と笑うばかり。姉御肌でてきぱきとした人のようだ。彼女は昭和五十二年にこの業界ではまことに珍しい盛大な引退パーティーまで開いてもらい、その後は同じ歌舞伎町にあるサパークラブ「紅」のオーナー経営者となった。

「でも、あのときの騒ぎがいい宣伝になったのよ。噂《うわさ》になったせいで開店してからは毎晩七時前から満席になったし、お客の列がコマ劇場の前までずらーっと続くんだもの。壮観だったわ。当時の女の子は今みたいに普段着じゃいけないの。ロングドレスか着物じゃないと仕事できないのよ。あたしも百万円かけて白のどんすの着物作って店に出たもの。指名も毎日三十本以上。給料が百万以上になったわね。おかげでこの店も無借金で開店できたのよ」

当時の女性たちは今と違い、ハワイやグアムへ行くこづかいを稼ぐためでなく、家族の生活費を稼いだり、親元への仕送りのために働いていたから必死だった。ナンバーワンになるための競争も熾烈《しれつ》であり、女性たちはそれぞれにさまざまなサービスの手を考えた。

紅さんが考え出したのはおしぼり作戦だった。それは決していやらしいサービスではない。客が帰ろうと思うのはトイレでおしっこをしている間と推測した彼女は、手洗いに向かう客がいたら、後を追い、おしぼりを持ってトイレの入り口に張り込んだ。そして出てくる客にかたっぱしから名刺とおしぼりを配り、自分の名を売り込み、また客が帰ると言い出す前に席に連れ帰った。しかも指名客を増やしただけでなく、彼女は一日の休みも取らず働いた。「クラブハイツ」は今でも年に九日しか休まないが、当時は正月三が日以外すべて営業していたから、紅さんも風邪ひとつひくことができなかった。

「売り上げを競ってるほかの子が休んだときはほんとに嬉《うれ》しかったわねぇ。とにかくあたしはナンバーワンになること、ナンバーワンを続けることだけが目標だったから」

さらに、客との関係にはとくに気をつけた。当時、他の店のバンドマスターと結婚していた紅さんではあったが、それは秘密にしていたので、客は口説きに通ってくる。しかし、「男って一度寝たらすぐ『オレの女だ』って顔する」からデートにはつき合ったが、決して深い仲にはならないようにした。「口説かれるような雰囲気をつくらない」ように気をつけながら、客と食事をし、同伴出勤を頼んだ。

「昔のお客さんはすけべだけど、純情だったわよ。『お店が終わるまで喫茶店で待っててね』って言ったら、二時間でも、三時間でもひとりでコーヒー飲んでじーっと待ってたもの。今のお客さんは『金払ったんだから、何とかさせろ』って居直るでしょ。まあ、効率的な世の中だから仕方ないのかしら」

しかし、ここまでの努力なら当時の優秀なホステスならば誰もがやっていたことだと、彼女は言う。そして紅さんがナンバーワンをほかの誰よりも長く続けることができたのは、他人が嫌がる客をすすんでお得意にしたことだった。ホステスが嫌がる客というのは、初対面から嫌みばかり言う客と極端に無口な客の二通りしかない。

「おい、お前、向こう行け」「ブス、死ね」「やらせろ」……。

素面《しらふ》のうちからこんなセリフを聞かされれば、どんな女性でも嫌になるものだが、紅さんはそうした客の心を開き、素直な常連客に育て上げることができた。母親のように客にわが子同様の愛情を注ぐことができる……、それが本当のナンバーワンだけが持つ力だった。

「でも、もちろん素敵なお客さんもいたわ。新栄会って読売新聞の拡張員の会があるんだけど、そこの元締めの渡辺会長のことは新宿の女の子なら知らない子はいないわ。みんなが憧《あこが》れたもの。どこの大企業の社長より金持ちで、そして遊びがきれいだった。独身でまだ三十代だったわ。顔は不細工で太ってたけど、そんなの関係ないの。『クラブハイツ』には毎日来てたわね。わざと指名の少ない女の子を呼んでレミーを開けるのよ。あたしレミーなんて見たの生まれて初めてだった。それで絶対、女の子を口説かない。他人の悪口を言わない。人にも言わせない。一番嬉しかったのは、財布をそのまま渡して、あたしたちにお勘定させるのよ。ホステスって金に汚いって思われがちでしょう、財布をそのまま渡す人なんていそうでいないのよ。会長はあたしたちの仲間の女の子と結婚したんだけど、家庭を持った後はただの一度も新宿に来ないの。いかすわよ、ねぇ。あんな人もういないわよ」

紅さんの噂を聞いたスカウトマンたちは何十回と「銀座へ移籍しないか」と誘いに

来たが、彼女はそのたびに「あたし、オホホって笑えないから、新宿でいいの。新宿でガハハって笑ってた方が気が楽だから」と断った。

「新宿のキャバレーのいいところは学生さんも会社の社長もパチンコ屋の親父《おやじ》もみんな一緒にお酒が飲めるってことよ。有名人ばっかり、金持ちばっかりの店なんて気色悪いと思わない。それに銀座のクラブだと掛け売りはホステスの責任になるでしょう。自分で集金しないと給料から引かれるじゃない。あたし、給料に手をつけられるの嫌なのよ。新宿のキャバレーなら安いから、まず掛け売りもしないし、踏み倒す人もいないのよ。あたしなんか十年間働いて、ひっかかったの、たった三万八千円だけだもの」

紅さんの信条はあくまで「キャバレーは大衆と共に歩む」というものであり、そんな彼女たちがキャバレーの最後の黄金時代を支えていたのだ。

昭和五十二年、紅さんが引退し、サパークラブを開店した頃から、風俗営業店の過激化が進んだ。手っ取り早く金を稼ごうと考える女の子たちはダンスの心得や会話の技術が必要とされるキャバレーでなく、キャバクラ、ノーパン喫茶といった肌の露出度を売り物にする店を目指すようになった。そして客たちもまた、ファッションマッサージのように安価で、口説く手間のかからないストレートな性サービスを与えてくれる店に走る傾向が出てきた。そんな時代にもあいかわらずムードミュージックと社交ダンスを続けていたキャバレーは、いつしか時代に取り残されるようになっていった。

昭和の終わり、バブル経済で都心の家賃が高騰《こうとう》すると大バコの店はその負担に耐えきれず、店を閉め、次々とカラオケボックスやディスカウントストアに改装されていった。バブル崩壊後も苦境は続いており、水商売にとっては戦後最大の不況に直面しているという。

下町の商店主を主な客層とする鶯谷の「スター東京」は、接待需要の多い銀座や新宿ほど、バブル崩壊の影響を受けていないが、それでも客足は鈍くなっているという。オペラ座のようにステージを見下ろす二階も客席となっている「スター東京」は、昭和三十年代の日活アクション映画の舞台そのままの雰囲気を残している。そのためなのか、接待で連れてこられた中高年の邦画ファンが懐《なつ》かしさで涙ぐむ姿もたまに見られるという。しかし、ここでも「若い客をつかまえるのが今後の生き残り作戦」と大熟女の女性がしみじみと語ってくれた。

さて、クラブハイツの店内も夜の十一時になると、二回目のショーも終わり、引きあげる客の姿が目立ってくる。十二時の閉店を前に手持ちぶさたになったのか、支配人の小林正仁が語りかけてきた。

「終わり頃に来るのは得ですよ。女の子も多少は酔ってるし、親切にしてくれるんじゃないかな」

クラブハイツでは高齢化が進む個人客だけに頼るのでなく、地方の農協やら親睦《しんぼく》会といった団体客向けにセールスを繰り返し、需要の増大を図っている。それが功を奏したのか、今年は「まあまあ行けそうだ」とのことだ。

「きついけど、なるべく料金を下げていって、お客さんを増やしていくしかないですね。リストラだからって生バンドやめたり、女の子を減らしたりしたら、これまでのお客さんが逃げちゃいますから。ポーターの高橋さんだって大切です。お客さんをつかんでますから。今時、エレベーターの操作だけをやってる人を雇うなんて、そんな店、もうつくれませんよ。でもそれがキャバレーのプライドってもんだと私らは思ってます」

支配人にお勘定を頼み、「領収証をください」とつけ加えたら、ヘルプの女の子に見つかった。

「あら、あんた、領収証欲しいの？　あたしのあげるわ。いいの。遠慮しなくていいのよ。いっぱい持ってるんだから。キャバレーのサービスは親身なのよ。でも、また来てね」

数枚の領収証をお土産にエレベーターに乗りこんだら、ポーターの高橋さんが笑って、一階のボタンを押した。

「一日に何回くらい上ったり、下りたりしてるんですか?」と尋ねてみたら、頭のなかで勘定して、「えー、お客さんが二百回で他にレディスさんたちの出勤もあるからだいたい三百回くらいかな」と教えてくれた。

高橋さんはもうこの仕事を二十年以上も続けている。

「酔っ払ったお客さんにキンタマ握られたりもするけれど、ほとんどの方は紳士ですよ。私はさみしがりやだから、毎日、大勢の人と会えて、話ができて最高ですよ。オレ、ほかに能力ないし、これしかできないから。キャバレーなくなると困るんですよ。ほんとに……」

「怪物」と呼ばれた興行師

「怪物」神彰《じんあきら》の葬儀は真夏のように暑い六月のある土曜日、青山の竜泉寺で行われた。神が病死したのはその一か月前、平成十年の五月。七十五年の起伏に富んだ生涯だった。

北海道函館《はこだて》に生まれ、数々の仕事を経た神が「怪物」と渾名《あだな》されたのは「呼び屋」という、彼自身が世の中に広めた職業を通じてのことだった。

呼び屋とは往時、海外から歌手、スポーツ選手、サーカスといったタレントおよびイベントを日本に招き、興行を打つ仕事のことを言う。日本が発展途上にあった昭和三十一年、アメリカから白系ロシア人の団体「ドン・コサック合唱団」を招聘《しょうへい》したのを皮切りに、ボリショイ・バレエ、ボリショイ・サーカスといった大掛かりなイベントをいくつも日本に呼び込み、海外からの芸能に飢えていた日本の観客の度胆を抜いた。そして観客たちの心を満足させると同時に、彼自身も当時の金額で一億円（銀行員の大卒男子初任給五千六百円の時代）以上の利益を手にしたという。裸一貫から出発した男が興行という水商売を通じて観客に夢を与え、同時に彼自身もまた夢をつかんだのだった。

だが、呼び屋としての神に日が当たったのは昭和二十年代末から四十年代初期までの十二、三年にすぎない。利益の追求よりも大きな花火を打ち上げることを目的としていた彼の仕事のやり方は次第に行きづまり、二度の倒産を経て、興行からは引退。その後、再婚した妻の手助けで居酒屋チェーン「北の家族」を創業。イッキ飲みと焼《しょう》酎《ちゅう》のブームにより再びマスコミに躍り出てきたが、それもつかの間。晩年には事業を他人に譲り、鎌倉で隠棲《いんせい》していた。

竜泉寺で行われた葬儀もビジネススーツに喪章をつけた酒造メーカーや飲食ビジネスの関係者が多く、ごく普通のものであり、一代の梟雄《きょうゆう》の死にはつつましいものに感じられた。

だが、そこにひとりの異装の男が到着したことで、焼香の列は乱れる。

喪服の群衆のなかに黒地のアロハシャツ、真っ白な麻のスーツ、白と茶のサドルシューズといった大英帝国植民地風の古風なリゾートファッションを着こんだ男が闖入《ちんにゅう》してきて、だらだらと汗を流しながら、大声でひとりごとを発している。

「なんだ。普通の葬式だな、これは。僕が知ってる者がぜんぜんおらんじゃないか」

服装だけでなく、容貌《ようぼう》もまた類型がない。薄い眉毛《まゆげ》、せり出した額、スフィンクスのような顔、そして長い白髪……、平成の日本の風景からは明らかに突出した人物である。

その男、康芳夫《こうよしお》は神彰のパートナーとして興行界に入り、先輩や同僚が次々と消え去ったなか、今もなお、たったひとり呼び屋および興行師としての怪しさを引きずって生きている男だ。

「話はそのモハメッド・アリと私との対談を仕組んだ不思議な人物のことである。仕事の背景にチラと一瞬その姿を現わしたかと思うと、たちまち忽然《こつぜん》と消えてしまう長髪の怪人、なにやら伝説のアリをすら霧の中から操っているかのごとき国籍年齢職業経歴不詳の男」（作家、五木寛之《ひろゆき》――『週刊ポスト』平成九年九月十二日号グラビアより）

「銀座の酒場で会う康さんからは不思議なエネルギーがたちのぼっている。（中略）じつにユニークな風貌をしている。超人的な違和感のひとつになっている。宇宙人と言ってもいいし、地底人のような気もする」（作家、志茂田景樹《かげき》――『週刊ポスト』平成五年三月二十六日号グラビアより）

「僕が康さんから学んだのは『テレビというものは見世物小屋の延長である』という

こと。猪木《いのき》とアリの対決しかり、オリバー君しかり、ネッシーに、UFOしかり。その後のこういう企画は全部康さんが原点……」（テレビプロデューサー、テリー伊藤――『週刊ポスト』平成十年五月一日号グラビアより）

このように人間、康芳夫を評する形容句は総じてあやしさと、うさんくささを指摘したものばかりだが、しかし、言葉の片隅には「こんな人間がひとりくらい日本に生き残っていてもいいじゃないか」というほんの少しの愛着も感じられる。

呼び屋という、今となってはほとんど絶滅した職業の等身大の姿を知ろうと思えば、記録や資料をあさるよりも、シーラカンスのように生き残っている康芳夫という人物をまっすぐに見つめることがいいように思う。

昭和十二年、康芳夫は東京の西神田に生まれた。父は中国人の医師であり、当時、中華民国の駐日大使だった許世英の侍医をしていた。母は日本人で、混血児だったが、康いわく「なぜか僕だけは戦争中でさえめちゃくちゃにいじめられた記憶はない」。

きっと、その頃から少年らしくない不敵な面構《つらがま》えで恐れられていたのではないか。

敗戦後、一般の日本人は食べ物を手に入れるのに四苦八苦したものだが、準戦勝国民である康の家はいくらでも食料を手に入れることができた。そのうえ父は医師だったから当時貴重なペニシリンや抗生物質も豊富にある。子供のころからマセていた彼はお坊ちゃん学校の暁星《ぎょうせい》小学校から海城中学に通っていながらも、周囲の幼い顔をした同級生たちとつき合おうとせず、家から持ち出した薬を新宿の闇市《やみいち》でたたき売り、その金で二丁目の赤線に「しけこむ」のを人生最大の楽しみにしていた。

ある日のこと、いつものように女を買いに行こうと花園神社の前まで来たら、神社のなかにオレンジ色のカーバイトの明かりが揺れるのが見えた。

縁日だった。

「ドリーミーで夢見がちな子どもだった」彼は、誘われるようにふらふらと境内を進み、奥にある見せ物小屋の看板の前に立った。

「源《みなもとの》　頼朝《よりとも》公のされこうべ」

「人か？　猿か？　奇怪な人間」

「全身ウロコの娘」……。

入り口の看板には汚い筆の文字でおどろおどろしい文句が書き連ねてある。

入り口に垂れたむしろをくぐって、ずいと小屋のなかに入った康が見たものは源頼朝公と書かれた板の後ろに飾られたサルの頭蓋骨《ずがいこつ》、土間にぺたりと座りこんでのろのろと動いている男と女。たいていの見物人なら、ハッと息をのみ、同時に悪いものを見てしまったという嫌悪感《けんおかん》、何やら申し訳ないという気持ち……、そういった複雑な感情を持つものだろう。ところが康は違った。薄暗い小屋のなかにある物体とのろい動作をする人間に中学生の彼が感じたのはエロチックな気持ちだった。

「うん、こいつはいいや」

そのときの記憶は彼の意識下に深く刻まれた。

中学を出た後、康は海城高校から横浜国立大学に入学するが、一年で中退。昭和三十三年、東京大学教育学部に進む。六〇年安保の直前の時期で、周囲の学生たちは政治の季節に気負い立っていたが、康は周りの流れに乗るのが嫌で、ひとり何をやればいいのかと、毎日、鬱屈《うっくつ》していた。四年生のとき、彼は自ら名のり出て、五月祭の実行委員となり、文化人座談会を企画、プロデュースする。そのときの出席者は三名。芸術家の岡本太郎、詩人の谷川俊太郎、そして『太陽の季節』で芥川賞を受賞した人気作家、石原慎太郎だった。

「面白い座談会だったよ。会自体は。それがさ、終わった後、妙ちくりんな顔をした康がやって来て、僕ら三人に『些少《さしょう》ですが、謝礼です』と胸を張って封筒を渡すんだ。家へ帰って中身を見たら、五百円でね（映画館の入場料が三百円の時代）。僕は激怒して、直接茅誠司《かやせいじ》（当時の学長）に電話したんだ。金がないなら無料でもオレはやる。しかし、ちゃんとしたメンバーを呼んどいて、謝礼ですとも言えないような額を出すなんて、あなたはいったい学生にどんなしつけをしてるんだ。学生たちが自分は東大生だと思って甘ったれたことをやっているのなら問題だ、とね。そしたら学長は謝るし、康は飛んできて平身低頭するし……、あの徹底的な謝り方があいつの特徴だね。

その後、康は俺になついてきて、映画の助監督やりたいとか、卒業するときは日生劇場に入りたいとか言ってきた。だが映画も日生劇場もだめで、今度は興行をやりたいと言う。それで、僕は神（彰）に紹介したんだ。僕はね、康に限らず変な奴《やつ》とつき合う趣味があるんだよ。康なんかまだ可愛《かわい》い方で何をやってるのかわからない連中までよく家のなかに出入りしてた。女房はいつもそんなつき合いはやめてくれと言うんだが……、いつになっても俺はやめないねぇ」

石原慎太郎は「呼び屋および興行師」康芳夫の生みの親であり、石原が康の志に火をつけて興行の道へ進ませたのだった。

昭和三十七年、東大を卒業した康は、神彰の「㈶アート・フレンド・アソシエーション」に入社する。同じ年の三月、神は人気作家の有吉佐和子（故人）と結婚し、世間の注目を集め、呼び屋稼業《かぎょう》も順調に推移していた。

「神と有吉さんの夫婦はスーパースター同士の結婚だった。有吉さんは実力もあったし、人気も抜群で、政界や財界にも彼女の応援団はたくさんいたんだ。その影響力たるやすさまじいもので、彼女に比べれば今の女流作家なんて屁《へ》みたいなものだよ。実は有吉さんは、あるところの紳士と婚約してたんだが、神が馬力にものを言わせて強奪しちゃった。でも、有吉さんがひとめで好きになってもおかしくないくらい、当時の神は底知れぬパワーを感じさせる男だったよ。僕は神の会社に入ってほんとによかったと思ったもの」

そう言う康は、神のもとで興行師としてのイロハを学び始めた。

さて、神が日本に呼んだ数々のタレントのなかでも最大の成功をおさめたのは、何といっても家族がそろって楽しめるボリショイ・サーカスだろう。日本にもキグレサーカス、木下サーカスをはじめとしてサーカス自体は戦前からあったが、ボリショイの猛獣を操る術や空中ブランコをはじめとする華麗な体技は日本のサーカスの比ではなかった。加えて容姿も整い、ボリュームもあるロシア美人たちの肉体美……。日本の大衆は打ちのめされ、全国を巡演した会場には観客が詰めかけ、入り切れずに大勢の人間が周囲をとり囲むありさまだった。

「僕は神の命令で千駄ケ谷の東京体育館にいたんだが、楽屋には勧業銀行（当時）の本店から行員がふたりと大きな金庫が出張してきてるんだよ。大晦日《おおみそか》の明治神宮を想像してくれたまえ。あれと同じ。そいつらが入場料を計算して、金庫のなかに押し込むわけ。そして夕方になると、どこからともなく神が現れて、金庫から札束をつかみ出し、子分どもに銀座へ行ってこいと金をまくわけだ」

そう語る康自身も、渡された金を懐《ふところ》に銀座を目指した。白洲《しらす》次郎や川口松太郎といった遊び人の大御所が通った高級クラブ「エスポワール」でブランデーをがぶ飲みし、「呼び屋になってよかった」と心から満足したのだった。

思えば康が入社した昭和三十年代の後半が呼び屋にとっての黄金時代であり、彼らが銀座で大尽遊びができた期間はそれほど長くは続かなかった。

「呼び屋」という言葉は、評論家の大宅《おおや》壮一が毎日新聞を経て電通に入ったプロデューサー、小谷正一と神彰を指して言ったものである。小谷は井上靖《やすし》の小説『闘牛』『黒い蝶《ちょう》』のモデルでもあり、ソ連（当時）からバイオリニストのオイストラフを招聘している。当時、名をなした呼び屋にはこのふたり以外にも、戦後初めての外国人タレント、二丁拳銃《けんじゅう》の西部劇スター、ケニー・ダンカンを呼び、プロレスを始めた大物興行師の永田貞雄、ナット・キング・コールやビートルズ公演を実現したキョードー東京会長の永島達司《たつじ》（平成十一年五月、死去）、ラテンミュージックに強いスワンプロモーションの樋口玖《ひぐちひさし》……と数々いた。しかし、神だけが「怪物」とあだ名され、マスコミの寵児《ちょうじ》となったのは彼らとは決定的に違う仕事のスタイルを持っていたからだった。

　そのスタイルとは手打ち興行に徹することとソ連ものに特化したこと、この二点が神の仕事の特徴だった。一般の呼び屋は投資した資金のリスクを分散するために、来日したタレントのスケジュールを他地区の興行師に売ったり、ナイトクラブに出演させたりした。だが、神は自前の興行にこだわり、会場もすべて手配し、入場券も自ら売った。その結果、当たれば大きかったが、外れれば大損してしまう。その落差の大きいところがマスコミには受けたのだった。

　もうひとつの特徴はボリショイ・バレエ、ボリショイ・サーカスのようにソ連ものをほぼ独占して招聘していたこと。

「神の強みはソ連に大きなコネを持ってたこと。だから『赤い呼び屋』とも呼ばれたよ。神の持ってたコネクションは、当時うちの顧問をやっていた元大蔵官僚がソ連のスパイだったことにある。彼はシベリア帰りで宏池会《こうち》の事務局長をやっていたんだが、それがなんと、ソ連から金をもらって日本の情報を流してたんだな。しかし、当時は誰も彼がスパイだなんて知らなかった。神や僕だけでなく、宏池会の会長だった池田(勇人《はやと》、元首相)さんだって、彼がスパイだってことと自分ががんだってことのふたつは知らずに死んだくらいだから。それにしてもうちは彼が間に入って交渉するもんだから、ソ連や共産諸国のタレントは呼び放題。そこに目をつけたのが神の偉いところだ」

当時の呼び屋にとってソ連ものの興行は、欧米ものより安全でしかも金が儲《もう》かるシステムになっていた。

日本の外貨保有高が少ない時代、海外タレントのギャラをドルで支払うには日銀の許可が必要だった。だが貴重な外貨は石油や鉄鉱石といった工業化のための原材料を買うためのものだから、海外の芸能人に支払うドルなんてまず許可されることはない。特別に許可されるのは新聞社、放送局といった大マスコミが文化事業として行う場合だけと言っていい。そこで呼び屋たちは交換レートの高い闇ドルを買わざるを得ないのだが、バレると外為法《がいためほう》違反でしょっぴかれてしまう。

当時、呼び屋のなかでもっとも年が若かったため、マスコミの寵児となっていたスワンプロモーション代表の樋口玖は闇ドル調達の苦労について、こんな感想を語る。

「オンリー・ユーって曲あるでしょう。それを歌ってる黒人のコーラスグループ、ザ・プラターズを呼んだとき、昭和三十八年の一月、僕は外為法違反で捕まった。六十日も拘留されたね。しかし、当時は三菱商事でも三井物産でも海外と商売しようと思えば闇ドル買わないと仕事にならないんだよ。じゃあなぜ、僕が逮捕されたかと言えば、呼び屋というのはタレントを呼んで、一見、華やかな仕事に見える。僕はマスコミにもよく出てたから有名人だったし、そこで一罰百戒で僕を狙《ねら》ったわけ。つまり、呼び屋というのは長く続けられる仕事じゃないんだ。いつも警察にマークされてるんだから。

だから僕は六年間しかやってない。神さんだって、長くは続かなかったでしょう。では、なぜそんな割にあわない仕事をやってたかと言えば、僕の場合は、民間レベルで文化交流をやりたいという大きな志があったのと、そうだねぇ、公演をやって客が入ると面白くてね。若いときはなかなかやめられなかったんだ」

樋口の言うように、呼び屋とは派手なわりには利が薄く、リスクも大きい商売だった。

ただ、神の場合は少し事情が違っていた。自主興行をやることによってのリスクはあったものの、ソ連ものを独占していたため、闇ドルを調達する機会は少なくて済んだ。ソ連や共産諸国の場合は興行はすべて国営であり、ギャラや旅費は自国持ちになる。受け入れ側、すなわち呼び屋は滞在費だけ負担すればいいシステムになっていたのだった。

自主興行をモットーとする神が十数年の間、呼び屋を続けていられたのは、実は外為法に引っかからないタレントを扱っていたことによる。

だから神はソ連ものの興行だけを堅実にやっていればよかったのだ。

しかし、興行師をやるような人間がビジネスの効率だけで自らの人生を選択するはずがない。そこで昭和四十一年、神と康はソ連ものの軌道を踏みはずして大きな勝負に打って出る。そのきっかけは興行界だけでなく、日本中をあっと驚かせたある大物タレントの来日が発表されたからだった。

昭和四十一年の六月末、日本興行史上に残る大きなコンサートが日本武道館で開かれた。協同企画（当時、現キョードー東京）の代表、永島達司がリバプールからビートルズを呼んできたのだ。

タレントが日本武道館をコンサート会場とするのも初めてなら、チケット販売を抽選にしたのも日本初。

「一タレントの警備を公共機関である警察がやるとは何事か」と国会で論議が交わされたのも初めてなら、首都高速を封鎖して芸能人を送迎したのも空前絶後のことだった。永島はこの時期、「ビートルズを呼んだ男」として話題を集める。

「呼び屋のナンバーワン」を自負する神と康にとっては面白くない話であり、ふたりはビートルズ騒ぎを吹き飛ばすほどの大きなイベントを仕掛けることにした。

それがF1と並ぶ世界的な自動車レース「インディ500マイルレース」の開催である。日本で初めての自動車レース「第一回日本グランプリ」が開催されてわずか三年しかたっていないにもかかわらず、康は「前人未到のことだから」とアメリカに乗り込み、一億円以上の巨額を張り込んで三十三台のインディレースカーと外国人ドライバーの招聘《しょうへい》を決定。「富士スピードウェイに十万人を集める」と豪語した。

「ところがね、君、入場料を一台あたり三千円にしたのかな。ひとりいくらじゃなくてね。そしたらさ、車好きの若いやつなんてトランクの後ろに三人くらい隠れて入ってくるわけだ。金を払わないで入ってきたやつがわあわあ騒ぐし、もうひとつ、当時は富士スピードウェイに行くには道幅の狭い厚木街道一本だけなんだよ。大渋滞が起こってしまって会場までたどり着けないで帰ったのもずいぶんいたんだ。僕は入り口のところで車のトランクをガンガン叩《たた》いて、せこい観客を追い払おうとしてたんだが、レースが始まる一時間前になったら、突然地元のダフ屋がチケットのダンピングを始めたんだ。あいつらの勘は鋭いからねぇ。これは大損だなとあのときは正直ぞっとした」

ふたりは大失敗のうえに二億円もの赤字を抱え込んだ。資金を返す目処《めど》はなく、康は高利貸しの目を逃れるために、事務所を閉鎖、憔悴《しょうすい》した神を連れ、新潟の小千谷《おぢや》を目指して夜逃げを敢行した。

「あのときはつらかった。日の高いうちはキタナイ民宿に隠れて夜になると近くの温泉に行くんだが、そこのお湯が何ともぬるいんだ。そのぬるさがうらぶれた感じを引き立てるんだよ。一か月ほどもぬるい湯に漬かってしょんべん臭いばばあ芸者を抱いて……」

　その後、失敗に懲《こ》りた神は呼び屋稼業から引退してしまう。康も借金した金を帳消しにするため、ほとぼりが冷めたころを見計らって九州の親分のもとへ出かける。額に血がにじむくらい畳に頭をこすりつけ、何とか勘弁してもらったが、業界仲間の信用をなくし、数年間はたち上がることのできないダメージを食った。

　時代は資金力のない一匹狼《おおかみ》の呼び屋にとって逆風となっており、神だけでなく、スワンプロモーションの樋口も倒産、引退。他の大小さまざまの呼び屋も姿を消してしまった。ビートルズを呼んだ永島だけは大手新聞社、放送局との提携を強め、同時に組織もしっかりとしたものに改め、興行から水商売の匂《にお》いをなくすことに努力する。呼び屋も個人商店から企業とならざるを得なくなったのだった。

　そして高度成長の結果、日本の外貨保有高も増え、外為法は形骸化《けいがいか》が進んだ。海外へ渡航する日本人も増え、広告代理店、新聞社、放送局は呼び屋に頼らずとも、自前でも海外からタレントを呼べるようになる。呼び屋という言葉は死語となり、興行がエンターテインメントビジネスに変身しつつあったのが昭和四十年代の中頃だった。こうして、呼び屋たちが表舞台から退場していったのだが、康だけは引退することも、はたまた自分の仕事を企業化することも拒み、自力で世界を相手に格闘を始めた。

新潟への夜逃げから六年経《た》った昭和四十七年の四月一日、エープリルフールの新聞に康芳夫の名が載った。彼はプロモーターとしてモハメッド・アリを来日させ、マック・フォスター相手に日本武道館でノンタイトル戦を開催したのだ。勝負は十五ラウンド、アリの判定勝ちに終わった。終了後レフェリーがアリの腕を差し上げると同時に、康はピンクのチャイナ服姿でリング上に飛び上がり、大声で「やったやった」と叫んではバンザイを繰り返す。実況のテレビカメラは邪魔な彼を外してアリを映そうとしたものの、康は両手を振り上げながら大きな顔をカメラに近づけ、強引にフレームに割り込んで来ようとした。

興行師にとってビッグネームの興行を成功させたことは勲章であり、次の仕事に対する絶大な信用ともなる。「アリを呼んだ男」康はその後、この勲章を巧みに利用してイギリスのトップシンガー、トム・ジョーンズ招聘に挑み、これもまた成功させる。興行界において「康芳夫」という名が人々に記憶され、畏敬《いけい》されるきっかけとなったのが、実現することが難しいといわれたこのふたつを成功に導いたことだった。
「僕がやるイベントは手打ち興行だ。入場料とパンフレットで儲けるしかないんだから、そりゃ大変だよ。いくら大物呼んでも客が入らなきゃ何度でも夜逃げするしかない。しかし、そこが興行の本質だ。興行ってのはスペキュレーション（投機）なんだ」

トム・ジョーンズ以後も彼は余勢をかって、数々の興行をぶちあげるが、どれも、単に「大物を呼ぶ」という仕事ではなかった。

彼がトム・ジョーンズ招聘以降に手がけた仕事を列挙してみる。

一、昭和四十八年、スコットランドのネス湖へ「ネッシー探険隊の派遣」。総隊長、石原慎太郎。

「久しぶりに康が俺のところに訪ねて来てさ。慎太郎さん、スコットランドへ総隊長で行ってください、と言うんだ。何するんだと尋ねたら、『ネッシーを捕まえて女王陛下に献上する』と言う。ふざけた話だな、と思ったが、俺もそういうのは面白いと思う方だろう、スコットランド見物をするつもりで出かけて行ったんだ。ネッシー？　見つからないよ。大きなうなぎがたくさんいたのだけは覚えてる」（石原慎太郎の話）

康の計画では、探険の結果、持って帰って来たネス湖の水や石、コケといった現物に加えフィルム、写真といった記録を博物展として巡回させれば十分に商売になる予定だった。しかし、証拠品が余りにも少なく、また報道ばかりが先走りしてしまい、大衆は会場に足を運ぶ前に全貌《ぜんぼう》を知った気になってしまった。計画は失敗し、アリやトム・ジョーンズで得た虎《とら》の子の利益はパーになる。

二、昭和五十一年、類人猿ならぬ人類猿オリバー君の招聘。

「オリバー君はモハメッド・アリの弁護士から紹介された。あれは日本中を人かサルかの大論争に巻き込んだ仕事だったな。オリバー君の染色体は四十七。人間の四十六、チンパンジーの四十八の中間なんだ。僕は今でもあれは人類猿だと思ってるがね。

そもそもオリバー君はコンゴ川流域のハダカの原住民とサルが一緒になって暮らしてるところにいたんだ。そこは実際に人とサルの間に何があってもおかしくないような場所なんだよ。それで僕は日本に連れて来たとき、オリバー君にパンツ穿《は》かせてハダカの女と対面させたんだ。そしたら、君、あそこをモッコリさせるんだよ。それも普通の人間よりよっぽど立派でねぇ。あれには僕も驚いた」

また同じ年、康はモハメッド・アリ対アントニオ猪木《いのき》の異種格闘技戦も共同プロデューサーとして実施している。

三、昭和五十二年、中米ハイチに渡り、「ベンガルの人食いトラ対空手マンの対決」、ただし、中止。

「僕は何があってもやる気だった。ところがブリジット・バルドーというフランスの女優が動物愛護協会の理事かなんかやってて、横やり入れて来たんだ。世界中から非難されたもんでハイチ政府もビビって中止になったんだ。しかし、あの空手マンは命拾いしたね。強い男だったけど、何しろ、相手がトラだからねえ。かなうはずがない。でも、惜しかった。絶対やりたかった。空手マンのひとりやふたり死んだからって、こっちは全然構わないんだから」
四、昭和五十四年、ウガンダのアミン大統領（当時）対アントニオ猪木の異種格闘技戦。レフェリー、モハメッド・アリ。中止。
「興行師に一番必要な資質というのはドリーミーな企画を考える力だと思う。それも多少フェイク気味のドリームと言うべきか。僕にとってはアリのタイトルマッチもネッシーもオリバー君も同じで、大いなる夢の実現なんだよ。だって昔はアリが日本に来るなんて本当に夢だったんだから。それでね、僕の仕事のなかで、何がベストかと言えば、やっぱり、アミンと猪木の試合だな。あれは世界興行史上最も奇妙な戦いだ。あのマラソンの女の子じゃないが、僕は自分で自分をほめてやりたい。

あの試合はちゃんと契約も交わしたし、アミンはほんとにやる気だった。彼はイギリス軍の兵士だったときからヘビー級のボクサーで、終戦後日本の岩国基地にもいたことがある。特攻隊の兵隊を尊敬する日本通だったんだよ。

あの興行が決まったとき、新宿かどこかの飲み屋で赤塚不二夫《ふじお》に会ったんだ。そしたら赤塚さんが、康さん、オレもう漫画家をやめるよ。だって、康さんがアミンと猪木の試合を現実にしちゃったから世の中に漫画家が存在する意味がなくなった……、そんなこと言ってたな」

しかし、この企画も試合前にウガンダでクーデターが起こり、アミンは追放される。康はサウジアラビアへ亡命したアミンにやっとのことで連絡を取ったが、「試合どころじゃない」と当然の答えが返ってきた。よって試合は中止。
五、昭和六十一年、イラクにおける「ノアの箱舟探索計画」。今も実現を模索中。
こうして記録を眺めると、康の仕事はネッシー以後、あきらかにナンセンスな企画に変わっている。幼い頃、花園神社で見たろくろっ首にも通ずるようないかがわしい企画ばかりが並んでいるが、それは多少は露悪的な彼自身の嗜《し》好《こう》もあるだろうけれど、この時期の康は、実のところ色モノをやるしか一匹狼の興行師としては目立つ場面がないからだった。康がじたばたと走り回っている間に興行の世界は完全に変わってしまったのだ。音楽やスポーツの興行はビジネスとして自立し、興行の主体となるのは広告代理店、放送局、新聞社、そして東京ドームに代表される会場側企業……そういった一流企業がシステマチックなビジネスとして自らイベントをプロモートするようになった。

そしてタレントたちも変わった。あの歴史的といわれたビートルズの日本公演でさえ、来日したスタッフは十一名だったのに、今やマイケル・ジャクソン、マドンナといった大スターの公演ともなれば、総勢百数十名のスタッフがやって来る。なかには座席数をごまかされないために毎日、座席をカウントするだけの人間までがスタッフとしてやってくるほどだ。世界の大物スターたちは東京ドームや日本武道館の客席配置図を持っており、日本人が交渉に行くと、黙って入場料の価格まで指定するのだという。つまり、海外のタレントたちはギャラの折り合いさえつけば招聘元が商社であろうが、メーカーであろうが意に介さなくなった。呼び屋たちが一騎がけの武者のように大物の首を争った時代は去り、スペシャリストを間にいれなくとも誰もが簡単にタレントと交渉ができるようになったのだった。

だから海外のタレントたちが現在、相手にするのは康のような個性あふれる一発屋でなく、ビジネススーツを着た秀才たちである。

このように興行界を組織が牛耳るようになった結果、康は間隙《かんげき》をついてビジネスの秀才たちが絶対に考えつけないような色モノ企画を連発せざるを得なくなった。しかし、そうした企画はいかんせん実現性が低く、話題にはなるものの利益にはならない。

時代が進むにつれて康を取り巻く状況は厳しさを増すばかりとなっている。今のところ彼は前述の「ノアの箱舟探索計画」以降、不本意ながら雌伏《しふく》の時期に入っている。

ネッシー探険直後に出版された康の自伝『虚業家宣言』のゴーストライターをつとめた『週刊文春』元編集長の花田紀凱《かずよし》は興行の現場から遠ざかってしまった康について、こんな感想を持っている。

「康さんが一匹狼でやっている間に興行はビジネスの世界に変わったんだ。そして康さんはしょせん組織の人にはなれなかった。あの人は頭はいいし、魅力のある人だけれど、商売を企業化して金を儲《もう》けようという気はない。それでもアリやネッシー探険まではスポンサーはついてきたんだろうけれど、オリバー君やアミン大統領の後からはさすがにお金を出そうという人はいなくなったんじゃないか。あまりにマンガチックだからね。結局、あの人は表に出る人じゃないんだな。裏にいる人なんだよ」

花田の言うように、もはや日本の興行界には彼のような男が活躍する舞台はなくなってしまったのだろうか。プロモーターとしての康はもう復活することはないのだろうか……。

オリバー君来日のとき、テレビ局のアシスタントとして面倒を見たテレビプロデューサーのテリー伊藤は康を「心の師匠」として尊敬しており、「康さんの活躍の場は今や日本ではない。世界もしくは宇宙が康さんが生きていく場所だ」と言う。

「社会に出て僕が初めてやった仕事がオリバー君の番。麹町《こうじまち》のダイヤモンドホテルのスイートルームで寝ずの番をしてたら、あいつはバナナはほおばるわ、おしっこは漏らすわ……、学問的にどんな理屈をつけようが、こいつは人間じゃない、こいつはサルだ。誰が何と言っても一五〇%サルだと思った。それで悔しくなって、夜中に泣きながらおまえは猿だとスパナでぶん殴った記憶がある。

　康さんはスーパースターだよ。俺はね、二十世紀の最大の発明というのは原子爆弾でも、人工衛星でも、コンピュータでもなく、テレビだと思う。テレビが地球上の人間の生活を変えたんだ。康芳夫という男はその二十世紀最大の発明であるテレビを使って、サルを人間だという嘘《うそ》をついた。二十世紀で最大の嘘をついた男なんだ。したたかで、いんちきで、怪しさを持ってるんだ。この次、康さんがやるのはキリストを復活させるとか、ジュラシックパークの島を探すとか、そんなことをぶちあげるよ。情報化が行き渡った日本という悲しい国は康さんが活躍するには狭過ぎる」

　そしてテリー伊藤に「康さんに何か悪いところは？」と尋ねてみたら、はっきりとこう答えた。

「ない。康さんをどう見るかはその人が人間を面白く見ようとしているかどうかを問われることだ。康さんに会って、彼を面白いと思えない人間は、それはそいつ自身がつまらない奴《やつ》ってことなんだ」

私が康芳夫に会ったのは今から数年前のことになる。初めて書いたノンフィクション『キャンティ物語』を出した直後だった。登場人物のひとりが彼の義姉にあたるため、彼はその本を熟読しており、会ってすぐに、本の講評が始まった。

「六十点。君の考えは面白い。だが、甘い。甘くて、そうだな、ぬるい。君の文章はぬるいんだ」

康は出版界に友人も多く、奇書『家畜人ヤプー』をはじめとする数々の出版プロデュースも手がけている。そこで、本や作家について常に彼なりの見方を持っていて、いいと思えば褒めるし、くだらないと思えばめちゃくちゃにけなし、「オリバー君以下の脳みそ」と切って捨てる。その後も彼の論を聞く機会は多かったが、じっくり聞いてみると、彼の本に対する判断基準は「作者の考え方にオリジナリティがあるかどうか。文章に狂気を秘めているかいないか」だと思えた。

「新しい地平を拓《ひら》く」考え方の作品を彼は激賞し、文章の技術や内容の構成については言及はしても、まったく関心はないようだった。つまり、康芳夫の評価基準は本も興行も同じで、新しいもの、面白いもの、人があっと驚くものが彼にとっての価値なのだ。

やはり、この人は根っからの興行師なんだ、と私は思った。

もうひとつ、興行師らしいと思ったのは彼が絶対に私生活を明かさないことだ。ほぼ十年以上も仕事らしい仕事をせず、そのわりに毎日銀座や六本木のクラブで飲んでいる康を見ると、誰もが「いったい何をやって暮らしているのか」が気になってしまう。

本人は「まあ、いろいろやっとる」と言うだけで詳細は語らない。が、私はこう推測している。彼には子供はいないし、奥さんは仕事を持っているから、多額の生活費を必要としていない。毎晩、銀座や赤坂で酒を飲んで遊び歩いて散財しているように見えるが、その費用はたいてい同行者に払わせてしまう。だから悠々とした様子で生活していけるのだろう。それにしても康といると、ほとんどの人は自分が払わざるを得ないような気になってしまうから不思議だ。これも興行師の技のひとつなのだろうか。

そして、なぜ彼が私生活を明らかにしないかはビジネスの必要上だと思う。

興行という彼のビジネスにとって必要な金は一千万や二千万という単位でなく、少なくとも億以上だから、自らをファンタジックな存在に見せておいて、生活感をなくすことが戦術となる。もし彼が生活感のある男になってしまったら、いくら夢を語っても、彼に金を出す人間はいなくなってしまう。個人の大金持ちに金を出資させるには利で誘うより夢やロマンを語りかけた方が引き込みやすい。康は大いなる夢を語って相手をだまくらかすために毎日、ふらふらと暮らし、余裕を見せ、そしてほらを吹く。そんな浮世離れした生活態度が、一発勝負しなきゃならないときに役に立つのだ。

私がそう推測し、おそらく当たっているだろうと思う根拠は彼の仕事の現場を垣間《かいま》見《み》たことがあるからだ。二年近くも前のことになるが、それはある貿易会社の能天気な部長の話から始まった。三人で銀座のクラブにいたとき、その部長が声を落とし、私たちふたりにぐいと顔を寄せてきた。

「康さんを見込んでの頼みです。康さんならやれると思います。金《きん》、持ってませんか。金、黄金です。メッキとか指輪とかそんなチンケな金じゃなくて塊が欲しいんです。私はザイールで商売している人を知ってるんですが、今、金を持っていけば市場価格の少なくとも一・五倍で買ってくれる。それも上限はない。確かな話です。友人が言うには近々、金が暴騰《ぼうとう》するらしい。康さん、こうしてはいられません。とにかく早急に金塊をごそっと集めましょう」

場所は飲み屋である。背景の説明もなく唐突で、うさんくさい話なのだが、康は真剣な顔の部長から事情を聴取したうえで、こう宣言した。

「よし。悪いようにはしない」

康はじーっと考え込んだような動作をした後で、おもむろに顔を上げ、知人のインドネシア人の金鉱から掘ったばかりの原石を横流しさせるという計画を伝えた。

そして、それから一週間、ミーティングと称する宴会の日々が始まった。

ふぐ、ふぐ、しゃぶしゃぶ、ふぐ、すし、ふぐ……といったローテーションで毎晩、大宴会が開かれ、席に行ってみると、私が知っている顔もいれば、その日に話を聞いて参加したとしか思えない人もいた。そして日を追うごとに参加者の人数は増えていく。

宴もたけなわになると、車座になった席の中央に山賊の親方のような顔で座る康からそれぞれの出席者に向かって声がかかる。

「野地君、この話がまとまれば、君にも、そうだなウイークリーで二百万くらいはこづかいをやるから。まっ、自由に世の中のために使ってくれたまえ」

「ありがとうございます」

私は素直にお礼を言った。そしてヒレ酒で乾杯。参加者の話を聞いていると、会話の大半はどうやって儲けようかではなく、「儲かった金をどう使うか、もしくはどう運用するか」といったことだった。

康は座が静かになったと見るやすかさず、他の出席者に声をかけ、「あー、君にも、そうだな、ウイークリーで五百万くらいの金ならなんとか融通できそうだ」と手形を乱発する。

言われた方もさほどは信じていない様子ではあるのだが、お金をくれるという人にくってかかる人間はいない。景気のいい話をしながら飲む酒はうまく、宴会は毎晩、盛り上がった。ふぐ屋を出た後はさらに銀座のクラブへ向かい、必ず何軒かはしごする。

私の最大の疑問はいったい誰が勘定を払っているのかということなのだったが、参加者の二、三人にそっと聞いてもみんな「さあ」と首をふり、「場の雰囲気を壊すな」というような意味を含んだ目くばせが返ってくるだけだ。私はとりあえず康に「ごちそうになりました」と頭を下げて、ひとりでそこから抜け出した。

それから一か月ほどして康に会ったとき、彼からこう言われた。

「いや、野地くん、悪いことしたな。あの話はもうちょっとのとこでつぶれた。すまんな。しかし、残念だったな、だって実現していれば君にもこづかいをウイークリーで、そうだな……」

戦後の興行界で伝説の男といえばキョードー東京会長の永島達司をおいてほかにいないだろう。彼は康芳夫とは違い、正統派の音楽プロモーターである。ビートルズからマライア・キャリーに至るまで、戦後、日本に来た外国人タレントのほとんどを呼んだのが彼だ。永島は康に面識はないが、噂《うわさ》だけはよく聞いていると語る。

「僕の友人でジェリー・ペレンチオってプロモーターがいるんです。世界で三本の指に入る興行師ですよ。昔、モハメッド・アリとジョー・フレイジャーの試合をプロモートし、ふたりにそれぞれ二百五十万ドルという、当時史上最高のファイトマネーを奮発した男です。彼自身は試合をケーブルテレビに売って、世界で初めてクローズド・サーキット方式を開発し、六千万ドルを手にした。その後もビリー・ジーン・キング夫人対ボビー・リッグスという世界初の男対女のテニスマッチをやって、これも一千万ドル以上儲けた。人が考えもしないようなことを形にして金にする男なんです。

それで僕が思うのは、興行というのはペレンチオがやっているような仕事を言うんですよ。一円のものを百円で売る、一ドルの価値しかないものに百ドルの価値をつけて売る。それができるのが興行師。僕にはそんな度胸がなかったから、コンサートを普通の仕事として認知されるように努力してきました。だから僕は康さんみたいな人が本当の興行師なんだと思う」

永島達司の友人で、世界有数のプロモーターであるジェリー・ペレンチオはニューヨークとロサンゼルスにオフィスを持ち、現在は興行の世界を離れ、投資家として仕事をしている。全米にあるスペイン語放送局のうち、十五局を持っているのが彼だ。ペレンチオに「興行師とはどのような人間のことか」と尋ねたら、ニヤッと笑って「まず私の話を聞いてくれ、その後で、興行師についての定義を教えよう」と話を始めた。

「私が初めてコンサートをプロモートしたのはまだ大学生のときで十九になったばかりだった。もう四十年以上も前のことだ。ジェリー・マリガン、チェット・ベイカーといったミュージシャンをひとりで訪ねて、ロスの公会堂でコンサートをやりたい、私はＵＣＬＡの学生の代表で学校の基金が自由に使えると言ったんだ。マネジャーたちはＯＫと言って契約書にサインをしてくれた。ギャラは後払いでいいことになった。ところがそのときの私はただの学生だ。代表でもないし、学校の基金なんてあるかないかも知らない。

ただ私はジャズが好きで、どうしても自分でコンサートをやってみたかったんだ。

好きな女の子にいい席をあげられるし、親を招待することもできる。だから私は意図的に嘘をついて、契約をし、当日を待った。

ロスの公会堂まで車でドライブしていったんだが、途中で突然怖くなった。もし、お客が入ってなかったらギャラを払えない。私はギャングに殺されるかもしれない。そんなことを考えたんだ。ここで車をUターンさせてそのまま逃げちゃおうかとも考えた。しかし、私は決心して車を走らせた。公会堂の前まで来たら、観客が建物の回りを取り巻いてるんだよ。あのときは嬉《うれ》しかった。やれやれと思って、私は特等席に座ってジャズを楽しみ、ついでに四千ドルという当時の学生にとっては大金を手にした。

以来、私はいくつものイベントをプロモートし、すべてを成功させた。しかし、あのとき以後、たった一度も嘘をついたことはないし、ギャラを払わなかったこともない。それは嘘をついたことを後悔したからじゃない。ギャンブルはたった一回だけやればいいと思ったのさ。つまり、興行とはリスクのかかったギャンブルなんだ。ギャンブルの方に魅力を感じてしまったら、いつかは必ず損をする。私は損をするのは嫌だった。ギャンブルでなく地道なビジネスをしたいと思った。そのことがわかって私は嘘をつくことは絶対にしないと決めたのだ。その代わり、儲かる仕事しかやらなかった。大物のコンサートより自分の頭で考えた企画をやった。無名のタレントを有名にするコンサートをやった。頭を使うこと、それがこの仕事のコツだ。

では最後に、興行師というものの定義をしてみようか。両手に食パンを持って立ってる男を思い浮かべてごらん。そいつが興行師の正体だよ。なかにはさむものでサンドイッチの値段は違ってくる。はさむものは何でもいいんだ。アイデアや夢をはさむんだ。はさんでいるものを見ればそいつの頭の中身がわかる。興行師の仕事とは何をはさむのかを考えることなんだ」

永島とペレンチオの意見に従えば、康芳夫こそ今の日本に現存する唯一《ゆいいつ》の興行師と言うことができる。ただし、彼はふたりのように業務を組織化することはないし、ギャンブル性を捨てて仕事をすることもない。そうするとおそらく、康が今の日本で興行を打つことは難しいかもしれない。

では、彼は、「興行を打つことができない興行師」のまま、この先じりじりとした焦燥感を抱えて生きていかなくてはいけないのだろうか。

それを考えると、私の方がじりじりしてきた。何とか彼に派手な興行をやらせることはできないだろうか。

このままでは興行師はもうすぐ日本からいなくなってしまうかもしれない……。それなら、そんなことなら、いっそ私はライターをやめて興行の世界に飛び込もうか……、そんなことまで考えてしまうくらい、私はハチャメチャな興行師が消えていくことを惜しいと思っている。

「心配することはない。私はもう次の仕事を仕込んどる。まあ、まかせておきなさい。君ごときに心配されるような男ではないよ、僕は。

僕にとって一番の問題は次に何をやるか、ということなんだ。刺激的な興行を成功させたら、もう一度、同じようなことをやる気がしない。また、あっと驚くようなやつを考えて、人の鼻を明かすことが仕事なんだ。まあ、見ていたまえ。何度も言うようだが、今またすさまじい悪魔的な企画を仕込んどる。近いうちにお披露目の予定だ。えっ、何をやるのか知りたい？　馬鹿《ばか》だなぁ、君。そんなこと言うはずないじゃないか。発表するときが来るまで死んだって言わないのが呼び屋だ」

そう言う康芳夫の巨大な顔とどろんとした目を見ていたら、私にはあの連日の大宴会の様子が頭に浮かんできた。酔っ払った集団はふぐ屋を出て、銀座の八丁目をぞろぞろ歩き、高級クラブになだれ込む。そこを出ると人数はまた増えており、次はタクシーに分乗し、赤坂へ。明け方はおかまバーで迎える。

集団のなかの彼は自慢話をするでもなく、引き連れているみんなが幸福そうにしているのが、それだけが嬉しいようで、ひとりでエクスタシーに浸っている。

銀座八丁目界隈《かいわい》でも、赤坂の路上でも、顔を赤くした酔っ払いたちの先頭には康がいる。その様子は不況とリストラにくたびれきった大人たちに夢を与え、どこか遠いところへ連れ去って行こうとしているようで、ネオンのなかを大股《おおまた》で歩く彼はピンクのチャイナ服を着たハメルンの笛吹きといった感じに見えた。

ヘップバーンも虜《とりこ》にした靴磨き

キャピトル東急ホテルは日枝《ひえ》神社、国会議員会館に囲まれた静かな木立のなかにあった。そこはJRや地下鉄のターミナル駅の近くにあるような、他の都市ホテルと違い、用のない人間がロビーにたむろするようなホテルではなく、うちあわせ、飲食といった目的のある人だけが利用するホテルだった。とくに地下三階は華やいだ雰囲気にはほど遠く、薄暗く、やや陰気といっていい空間だった。そこは他の階と違いフロア面積の半分が駐車スペースとなっているため、歯科医、理髪店、美容院、そしてシューシャインからなる四軒のアーケード街は、まるで下町の横丁のように肩を寄せ合って、軒を連ねていた。

そのひとつ、シューシャインをやっていたのが、源ちゃんだ。「源ちゃん」こと井上源太郎は、昭和四十七年のオープン時からホテルが閉鎖された平成十八年まで実に多彩な人々の靴を磨いてきた。国会議事堂が近いせいもあり、政治家の顧客が何といっても多く、佐藤栄作や藤山愛一郎といった往年の保守党の大物たちから、石原慎太郎、中西啓介《けいすけ》をはじめとして、閣僚、野党の政治家など、二十数人の政治家たちが彼に靴磨きを頼んでいた。財界人では大映の永田雅一《まさいち》、三井物産の水上達三《みずかみたつぞう》にとくに可《か》愛《わい》がられた源ちゃんだが、経済同友会の元代表幹事で元日商岩井会長の速水優《はやみまさる》（平成十年三月より十五年三月まで日銀総裁）も永年の顧客だった。変わったところではあのロッキード事件のコーチャン、クラッター両氏も日本にいたときは必ず源ちゃんだけに靴磨きを頼んでいた。そして坂東三津五郎、中丸三千繪《みちえ》といった文化人、芸能人も高価な靴とともに姿を現した。

前身の東京ヒルトンホテルはビートルズが泊まったことで有名になり、以後もキャピトル東急ホテルは大勢の海外スターが定宿とした。そして、源ちゃんの名はそうした海外のスターにも知られている。オードリー・ヘップバーンとソフィア・ローレンは「どう磨いたらこんなにきれいな艶《つや》が出るのか」と源ちゃんに真剣な表情で尋ねてきたし、フリオ・イグレシアス、マイケル・ジャクソン、ホロビッツの三人は仕上がった靴を部屋まで届けに行った彼に抱きついて感謝した。

元代議士の浜田幸一も永年、源ちゃんに靴を託していたうちのひとりだが、八方破れの言動で知られる彼が源ちゃんのこととなると心からの賛辞を惜しまない。

「井上さんは誠心誠意の人です。磨く技術だけではありません。あの方ほど丁寧な仕事をする人はいないし、靴が本当に清潔になります。『人間の美観は足下から』という言葉がありますが、あの方はまったく素晴らしい人です」

「町を歩いていると、あれが十六文か、といつも足を見られるので靴だけは贅沢《ぜいたく》している」というプロレスラーのジャイアント馬場も二十年以上にわたる源ちゃんのお得意のひとりだった。ちなみに馬場の足のサイズはアメリカサイズの十六（三十二センチ）なのに、いつのまにか十六文と誤って伝えられ、十六文キックという言葉が生まれた。

「源さんはね、商売でやっているというふうじゃない。靴が好きで好きでしょうがないという感じが伝わってくるんだよなぁ。それと……、靴についてよく知ってるよね。磨くだけじゃなくて底を張り直してくれたり、僕が靴を磨くのはあそこしかないよ」

馬場が言う通り、源ちゃんは靴や靴用品については驚くほど研究しており、靴クリームも常時、数十種類は用意している。国産のそれはもちろん、アメリカ製ではキィウィとリンカーン、イギリス製では英国王室御用達のメルトニアン、フランス製ではサフィール……。色や性質の異なるそれを各ブランドや皮革の種類によって使い分け、市販のクリームに目当ての色がない場合にはクリームを混ぜ合わせ、最適と思える色を作り出す。もちろん靴自体のこともよく知っている。たとえ町ですれ違った人のそれでさえ、ちらと見ただけでそのブランドを当てることができるし、靴を見れば靴底の減り方から履いている人の健康状態や性格までわかる、という。

また彼は銀座や赤坂の靴屋を見て回り、新しいブランド品が輸入されていようものなら、一足十万円以上のものでも「研究のために」あっさりと買い込んでしまう。必ず自分で履いてみて、革の性質や耐久性をじっくりと調べるのだ。現在、百七十足ある彼のコレクションのなかには、ファッションデザイナーのジャンニ・ヴェルサーチが履いていたニューヨーク製の「スーザンベニス」や、ロンドンのオーダーメイドで一足三十五万円もする「マックスウェル」といった日本では手に入らない超高級品もある。一足磨いて八百円という源ちゃんの収入では相当な買い物といえるのだが、こうした靴に対しての費用は惜しみなく使うのが彼の流儀だ。

「僕のところへ来るお客さんの靴は、どれも一足十万円はする高級品だから、僕は革の性質をよく知っていなければならない」というのが彼の弁である。

だが、何より彼の技の冴《さ》えを物語るのは仕事場の情景だ。そこには最新式の靴磨き機械があるわけではない。客が腰かける古びた椅子《いす》と仕事着を入れたスチールロッカーと、クリームや木綿の布が用意されているだけだ。しかし、わずか三畳ほどのそこには宅配便の段ボール箱がたくさん積まれている。つまり一度でも源ちゃんに靴を磨いてもらい、仕上がりの良さのとりこになってしまった者は、手間賃よりよほど高い送料を払ってまで、彼のところに靴を送って来るようになってしまうのだ。なかには源ちゃんに磨いてもらってからでないと足を入れる気がしない、と新品の靴を送ってくる客さえいる。そんなファンが東京近郊だけでなく、京都にも北海道にもさらには香港《ホンコン》にもいる。だから必然的に源ちゃんは朝の九時から夜の六時まで、昼食をかき込む以外は、まったく休みなしに仕事に没頭せざるを得ない。街頭の靴磨きは通りすがりの人を客とするものだから、営業中とはいっても待ち時間が多い。それが源ちゃんの場合、全国の顧客から絶え間なく宅配便が届くので「待つ」という時間を持たない。日本一忙しい靴磨きが源ちゃんなのだ。

靴磨きという職業自体は、戦前からホテルや駅の構内そして街頭にもあったものだが、その数が激増したのは終戦直後、浮浪児たちが米兵を相手ににわかに商売を始めたときである。昭和二十一年、厚生省の統計で全国に約四千名と見積もられた浮浪児は四年後の昭和二十五年にはその十倍に増えた。しかし、そのうちの八割は戦争で両親を失った孤児ではなく、自ら家を飛び出した街頭児と呼ばれる子供たちだった。そんな彼らの収入を得る手段の筆頭が靴磨きであり、そして新聞の売り子、汽車の切符を代行買いすることだった。

しかし、こうした浮浪児を主体とした街頭の靴磨きは、昭和三十年から本格化した日本の経済成長とともにたちまちその姿を消してしまう。靴磨きという職業が増加したのは後にも先にも、戦後のわずか数年だけで、以後、彼らの姿は、街頭はおろか駅やホテルといった場所からも確実に少なくなっている。それでも、現在、羽田空港には靴磨きのブースがまだ残っているが、日本の表玄関である成田空港にあったそれは「売り上げが上がらない」という理由で廃止されたままである。

「靴磨きの人数というのは警察や役所でもつかんでないし、業界の団体があるわけじゃないから、まったくわからないんです」

靴クリームメーカー、㈱コロンブスの鈴木廣《ひろし》部長は前述の羽田空港や東京全日空ホテルで靴磨きサービスのブースを運営している直販部門の責任者であり、数少ない斯界《しかい》の専門家である。その鈴木部長は自らの観察から、都内にいる靴磨き専業者はもはや百人を切ったのではないか、と推測する。ここ数年、町を歩いていて、靴磨きが「年寄りだけになって、そして姿を消してしまう」のを何十件と見た。ちなみにコロンブス本社は浅草にあるが、鈴木部長が入社した昭和三十三年当時は、雷門前に靴磨きが横一列に三十人以上も並んでおり、それぞれの前には客が長い行列をつくっていたという。それが昭和五十年頃になると、人数が半減し、その後も通りかかるたびに数が減っていった。ついに三、四年前のある日、気がついたら誰もいなくなっていた。

「上野でも銀座でも新宿でも事情は同じですよ。この仕事、若い人には無理な仕事だから、引き継ぐ人がいないんですよ。うちが羽田でお願いしてるパートのおばさんたちの平均年齢が、うーん、ちょうど六十歳くらいですから」

鈴木部長は、若い人がやりたがらないという理由のほかに、道路が整備され靴が汚れにくくなったこと、スニーカーや布製の靴を履く人が増えたこと、そして革靴表面の仕上げ剤の質が良くなり、磨かなくても艶が出るようになったことの三つが靴磨きの需要を減らした、と分析している。

「生まれたときから狭いところに縁があった」という源ちゃんは、昭和二十年三月二十四日、茨城県の防空壕《ぼうくうごう》のなかで産まれた。神田東松下町で呉服屋を営んでいた彼の両親はその二週間前の東京大空襲で家を焼かれ、父親は臨月の妻を連れて茨城にある親戚《しんせき》の家に疎開《そかい》していたからだ。終戦後、一家は板橋に住まいを見つけ、もう一度、呉服の商いを始める。小学校から中学校にかけての源太郎少年は手先が器用で、他の科目はダメだったが、図工の成績だけは良かった。源太郎少年は絵でも彫刻でも粘土でも、自分の手で何か形を作り上げてゆく作業が好きだった。高校は神田錦町にあった東京電機大学高等学校の計測科へ進む。彼は放課後になってもクラブ活動に参加することなく、日本橋の三越や髙島屋へ行って、工芸品売り場で版画や陶芸、漆器や木工細工を眺めた。ときには上野の美術館でロダンの彫刻を眺めることもあったが、百貨店は実物をさわることもできたし、何より閉店時間まで、ただで職人の仕事を観察することができたから、美術館より百貨店の工芸品売り場を好んだ。閉店のチャイムが鳴ってしぶしぶ腰を上げ、板橋の家に戻る電車のなかで、もし家が金持ちだったら芸大の彫刻科へ進学して木彫家になれたのに、とはかない望みが彼の頭をかすめたのもこの頃のことだ。

昭和三十九年、高校を卒業した源ちゃんは静岡の化学品製造会社に就職するが、わずか一年で東京に呼び戻される。父親が友人と一緒に、当時、価格破壊の旗手とうたわれ、もてはやされたスーパーマーケットの経営に参画することになったからだ。井上家は一家をあげて新しい事業に取り組むことになり、二十歳の源ちゃんはみそと果物の販売を担当することになった。彼は笑顔で売り場に立ったが、心の底では「どうも物を売ることは自分には向いてないんじゃないか」と弱気な感想を持った。まったくついてないことに井上家が家運を賭《か》けて始めた事業は一年もたたないうちに破綻《はたん》してしまう。共同経営者が金を持ち逃げし、あっという間に資金難に陥ったのだ。それでも二年ほどはどうにか店を続けていたものの、借金の額はふくらむ一方で、家のなかの雰囲気もとげとげしくなった。興味の持てない仕事と増えるばかりの借金、そして展望の開けない前途に、源ちゃんの労働意欲は失《う》せ、家を飛び出してしまう。人生をやり直し、もう一度、木彫家を目指して美術系の大学を受験しようと思ったが、すでに二十三歳となっていた源ちゃんはなかなか勉強に身が入らない。今で言うフリーターのようなその日暮らしのアルバイト生活をだらだら続けるようになっていった。そんなとき、友人の紹介で当時、赤坂にあった米軍専用宿舎、山王《さんのう》ホテルにパートタイムのボーイとして雇われる。そして客の荷物を運んだり、ルームサービスの料理やコカ・コーラを給仕していたある日、宿泊客の米軍将校から靴を磨いてくれと頼まれた。それまで仕事としては他人の靴を磨いたことはなかったが、気楽に考えて作業を始めたところ、その将校は彼の手元をじっと見つめ、磨き方をあれこれと指図した。靴磨きなんてただ布でこすればいい、と思っていた源ちゃんに、将校はまず磨く前に靴の表面に少量の水を垂らすと革が柔らかくなり、クリームののりがよくなることを教えてくれた。

　彼の靴磨きテクニックはこの米軍将校から習ったことになる。その後、彼はボーイだけでなくシューシャインサービスも熱心にやるようになり、技術も上達していった。客から「あいつの磨き方はうまい」と聞いた靴磨きがいればその技術を習いに行ったこともたびたびある。銀座の松屋前で商売していた当時「シューシャインの神様」といわれた靴磨きの老人には細かいところまで指導を受けた。そして田中角栄が総理大臣になった昭和四十七年の夏、靴磨きの技術が評判となった源ちゃんは山王ホテルのすぐ近くにある東京ヒルトンホテル（のちキャピトル東急ホテル）にスカウトされ、やっと一国一城の主となった。それまで東京ヒルトンには、ホテルの雑用を担当する東急サービスが派遣したパートの従業員がいたのだが、何せサラリーマンだから靴磨きの腕を磨いて客を呼ぼうという覇気はない。マニュアル通りの軽く埃《ほこり》を払う程度の磨き方をしていたのでは地下三階という不便な場所ではまるっきり商売にならなかった。当時、靴磨きの料金は街頭で一足百円。東京ヒルトンのそれは百三十円だった。

勇躍、仕事場を確保したものの、開業したばかりの源ちゃんにとって船出は決して楽なものではなかった。当座の仕事といえば、ホテルの宿泊客から出された靴と、源ちゃんに好意を持つ向かいの理髪店に来た客の靴を磨くことだけ。せっかくの腕をかわれてきたにもかかわらず、人通りのない地下三階のこと、飛び込みの客なんてほとんど現れないので、源ちゃんは独立して仕事を始めたことを後悔した。このままここで誰も客が来ないまま朽ち果ててしまうんじゃないか、と憂鬱《ゆううつ》な気分になったが、しかし、他に職があるわけじゃないし、飛び出してきた家にも戻れない。とにかく仕事を一生懸命やるしか道は開けないような気がした。唯一《ゆいいつ》の救いは、彼をひいきにしていた山王ホテル時代の米軍関係者や外国人客が、ぽつりぽつりと顔をのぞかせてくれるようになったことだった。

「源ちゃんが米軍の将校から教わった磨き方ですけど、あれ、スピットシャインって言うんですよ」

キャピトル東急ホテルの副支配人で源ちゃんの親友でもある平野信一はそう解説してくれた。

「『愛と青春の旅だち』って映画を見たことある？　リチャード・ギア扮《ふん》する兵隊がつばをつけて靴を磨くでしょう。ベルトのバックルと同じくらいピカピカに、それこそ人の顔が映るくらいに仕上げないと上官に文句を言われるんだよ、アメリカの軍隊ではね」

平野は源ちゃんがスカウトされた昭和四十七年頃は、同ホテルのナイトクラブ「スターヒル」でウエーターをやっており、仕事が終わった後、必ず毎晩、自分の靴を磨くことを習慣にしていた。一流のウエーターとは給仕が上手なだけでなく、客に不快感を与えないように、靴と爪《つめ》を手入れするものという教育を受けていた彼は、その教えを忠実に守り、さすがにマニキュアこそしなかったものの靴と爪はいつもきれいにしていた。

「源ちゃんも最初はお客がいなくて苦労してたようですけど、だんだん口コミで増えていったようですね。泊まり客が朝戻ってきた自分の靴を見て、あまりにていねいに磨いてあるから感心して、地下に下りていって、それから通うようになったようですね。まあ、あれだけ長い時間かけて磨く人、まずいませんよ。でも、僕は長いつき合いだけど自分のを磨いてもらったこと、一度もないんです。もし磨いてもらうことがあるときはまずきれいにしてから持っていきますよ。だって恥ずかしいでしょう。源ちゃんに『こんなキタナイ靴を履いてるのか』と思われたら」

たしかに源ちゃんのやり方を観察していると一般の靴磨きの倍以上の時間をかけている。汚れをブラシで落とし、クリームを塗ると水をつけた布でそれを伸ばし、後は乾いた木綿の布でごしごしこするというのが一般の磨き方で、これだと一足あたり、五、六分で終わる。しかし、源ちゃんに頼むと最低でも十五分は覚悟しなくてはならない。ときにはゆうに二十分はかかる。そして磨き方に彼独特のスタイルがある。ブラシを使わないこと、クリームとワックスを区別して塗ることがその特長だろう。ブラシを使わないのは、それが靴の表面の革を傷《いた》めるからで、泥もほこりも布でかるく払うようにしている。クリームやワックスを塗るときはティッシュペーパーを使う。

クリームは艶を出すというより、革を保護するためのものだから、女性が肌に基礎化粧品をすりこむような細心さでそれを薄くのばしてゆく。その後、ほんの少量の水を垂らして、今度は光沢を出すためのワックスを塗る。それからやっと磨きにかかる。右手の人さし指と中指に布をぐるぐるとまきつけると、靴に接触するくらいまで顔を近づけ、二本指で表面を撫《な》でてゆく。極度の近視だった版画家の棟方志功《むなかたしこう》が板に顔をくっつけるようにして彫り込む姿に似ている。決して強い力でこすることはしない。テレビや映画で俳優がやるような、布の両端を持って靴をごしごしこするなんてことは彼にとってはあり得ないことだ。彼のやり方だと単に光沢が出るのでなく、靴の革がリフレッシュするから、艶《つや》が長持ちする。きゅっ、きゅっとこすって出した光沢は半日もすると消えてしまうのだという。彼の仕事ぶりと仕上がりを実際に見てみると、高い送料を払って靴を送ってくる客の気持ちもわからないではない。

源ちゃんが顧客たちからいかに愛されているか、を物語るエピソードがある。音楽プロデューサー、金子洋明《ひろあき》が発行した「源ちゃんの靴磨き券」がそれだ。彼は森山良子、五輪真弓、DREAMS COME TRUEといったミュージシャンたちを育てた業界の有名人だが、平成六年の秋のこと、源ちゃんの「靴磨き券」を引き出物にしたいがために、自著の出版記念会会場にキャピトル東急ホテルを選んだ。どうしても友人知人に源ちゃんの技を味わってもらいたかったのだという。券を使った人数分の手間賃は毎月末に決済するという条件を出し、金子はしぶる源ちゃんを説得、八百枚もの券を発行した。しかし、靴磨き券を利用して源ちゃんの仕事を体験した人々は無料でもらったそれを使うことを潔《いさぎよ》しとせず、結局、自分で支払ってしまう。そんなわけで金子はいまだに源ちゃんに磨き代をほとんど払ったことがない。

「十六年前のことです、初めて源さんに会ったのは。キャピトル東急でパーティーがあったとき、少し早めに着いて、時間が空いていたから、じゃあ靴でも磨くかと軽い気持ちで立ち寄ったわけです。当時、私はまだ三十五歳で……。でも年のわりにはまあ成功してたというか、運転手付きの車で乗りつけて、きっと心が傲慢《ごうまん》になってたんでしょうね。源さんの前にどっかと座って、新聞を読んでたんですよ。そして、十分ほどして、もうおしまいだろうと思って、新聞をどかしたら、まだ片一方の靴を磨いてる最中なんですよ。私はいらいらしてね、パーティーの開始時間も近づいていたし、『君、時間かかるの』ってイヤミを言ったんですよ。でも、ひょいと靴を見たら、もう、それはショックでねぇ。頭をガーンと殴られたような気分でした。一方は自分の顔が映るくらいきれいで、もう一方とは全然違う。それもただピカピカしてるんじゃない。いぶし銀みたいな輝きなんですよ。『これは違うぞ』と。そしてこんなに一生懸命、手を抜かないで仕事をしている人がいるということもわかって、それからはもう、源さん一筋です……」

　以来、金子は「自分が驕《おご》って得意満面になってる」と思うといつも、キャピトル東急に源ちゃんを訪ね、その前に腰を下ろす。そして磨いてもらっているうちに、いつの間にか、謙虚になり、心が落ち着くのだという。金子は現在、約五十足の靴を持っているが、それは金持ちで靴道楽だから靴をたくさん持っているわけでなく、源ちゃんにメンテナンスを頼むようになってから、十六年の間、一足も靴を捨てる機会がなくなってしまい、それで自然にたまったのだ。

「丁寧に磨いてもらったものだから履くときも気をつけるようになりますよ、だから長持ちするんじゃないかな」

　さて、それでは客が増え過ぎてしまうのではないだろうか。源ちゃんは仕事を断るということはないのだろうか？

「初めて来た人を断ることはないんです、そりゃよほど忙しいときは時間を変えてもらいますが。

　断るのは例えばこんなときですよ。お客さんでも最初のうちはいつも顔を出して挨拶《あいさつ》して『いやあ、素晴らしい』とか『源ちゃん、元気』なんて言うんだよ。そして常連になって、靴を送ってくるようになったり、また秘書の人に届けさせたりするようになっていく。それはいい。でも嫌なのはそういう人がいつかだらしなくなって、靴を取りに来るという日に来なくなるんだよね。僕はね、取りに来る日を聞いて、その日のその時間に磨き立てのを持って行ってもらおうと思って仕上げるんだよね。それが取りに来ないんだよ。そして次の日も来ない。そのまた次の日も来ない。一週間くらい受け取りに来ない……。取りに来たくなけりゃ、べつに来なくてもいいんだ。でも靴はいくらビニール袋に入れておいても、こまかい埃がつくし、だいたい僕んとこは狭いから、保管場所を移動させなきゃなんない。置き場所を変えるときに靴のへりがこすれたりしたら嫌でしょう。時間がたって、せっかくの艶が落ちたら嫌でしょう……。悲しいよね。僕は取りに来ないお客さんの靴に向かって言ってやるんだよ。『可哀想《かわいそう》な奴《やつ》だな。おまえのオヤジはほんとにバカだ。お前がきれいになってるのに迎えに来ない。あっちにしまわれ、こっちに移され、まるで売れない女郎みたいな扱いされて……。お前、そんなオヤジんとこに、もう戻ることなんてないぞ』ってね」

源ちゃんは金さえ払えば客だと思ってるようなケチな根性が大嫌いなのだ。靴さえ磨いてもらえばいいという態度でしか人とコミュニケートできないようなしみったれた野郎とつき合うことは我慢できないし、そういう人間は結局、靴を大切にしない馬《ば》鹿《か》野郎だと見抜いている。

「靴を磨いているときにはお客さんの姿をイメージしながら仕上げるんだよ。だからその人の姿が思い出せないようになったら、仕事したくないんだ、うん。それが人と人とのつき合いってもんでしょう。

僕はすきっとしたスーツを着てる人のは一分の隙《すき》もないように磨き立ててるし、カジュアルなジャンパーの人のはちょっと粋《いき》な感じにするんだ。頭のなかにその人のイメージを思い浮かべながらやってるから、こんな地下の狭いとこでも、朝から晩までひとりで働けるんだよ……。そういえば僕はね、歌でも、景色が浮かんで来るような歌が好きなんだ。ほら、あるじゃない。菜のはーな畑に入りー陽うすれーって……。一面に黄色い菜の花がさ、ほら、浮かんでくるじゃない」

源ちゃんは頭のなかの映像を追いながら、何度も何度も歌い出しの節を繰り返した。

ヒルトンインターナショナル社アジア・オーストラリア太平洋地区社長のリチャード・ハンデルは、スイスのホテル学校を出た後、世界の一流ホテルの経営に携わり、昭和四十七年に東京ヒルトンに社長として赴任した生粋《きっすい》のホテルマンである。その後、新宿にヒルトンが移るまでの十年半、源ちゃんのボスだった。ハンデルは東京ヒルトンを近代化し、アジアにあるヒルトンホテルのなかでも東京をもっとも利益率の高いそれに仕立てた名経営者である。

「ホテルビジネスにおいてシューシャイン・サービスというのはとても大切なものだ。というのは客が部屋にあるバスケットに靴を入れ、ホテルを信頼して、そのまま外に出しておくものだからだ。質の悪いホテルだと盗難にあったりすることもある。ホテルにとって、もっとも大切な『信用』の尺度とも言える重要なサービスなのだ。しかし、ホテルサービスというのは難しいもので、客からの苦情は必ずついてまわる。ルームサービスでも、レストランサービスでも、テレホンサービスでも……、どんなサービスにも苦情というものは必ずあるのだ。しかし、永田町の東京ヒルトン時代、十年半の間、ゲンに対しては一度も苦情がなかった。まったく考えられないくらい素晴らしい記録なのだ。世界のどんな五つ星ホテルにもゲンほどのシューシャイン・ボーイはいない」

なで肩で丸顔、いつもダジャレばかり言っている源ちゃんと一緒にいると、リチャード・ハンデルが形容したような世界一の靴磨き職人というイメージがなかなか像を結ばない。彼は休日になると、今は趣味となった木彫の制作に励むか、もしくは下町へグルメ探訪に出かける。若いときに一度、結婚したことがあるが、妻とは短期間で別れてしまった。その当時のことを聞こうとすると「その話はなしにしとこうよ」と言って、話題を食べ物に転ずる。だが下町グルメと言っても源ちゃんはリーズナブルなところにしか足を向けない。しかし、いったん店に入ると注文の仕方はディテールまで非常にうるさく、とくに彼の好物である鍋《なべ》ものの場合、最初から好みの具だけを指定し、それだけを食べる。そして絶対に店の従業員に調理を任せることはない。

ある日、彼に連れられて湯島天神の前にある「鳥つね」に、つくね鍋を食べに出かけた。彼は大皿に載せられたつくねのかたまりを器用にレンゲで丸めながら煮立った鍋のなかにそっと落としてゆく。その細心さは二本指で靴を撫でる動作にどこか相通ずるところがある。

「すぐに食べて。これはしゃぶしゃぶの要領で半生ぐらいで食べるんだよ」と彼はすかさず、私に指示する。

野菜を入れるときも一回に食べる量しか入れない。源ちゃんが厳しく鍋を管理するので、スープは濁ることなく、常に澄んでいる。最後に雑炊を作るときがもっとも注意を要するようで、投入するご飯の量に合わせてスープの量を減らすことが大切だ、と語る。

「何年かしたら、フランスへ行って、暮らしてみたいね。あっちの彫刻を見て歩いたりしてね。だけどただそれだけじゃ、つまらないだろうな。だから仕事の夢もあるんだ。ほら、パリに天皇陛下も泊まったクリヨンってホテルがあるじゃない。もし誰か紹介してくれる人がいたら、あそこでも靴を磨いてみたいね。まあ、できることなら、だけどね」

と、夢の話を始めた源ちゃんの雑炊を作る手が止まった。溶いた生卵を雑炊にかけ回した後で、これからの火加減がもっとも大切なんだと言っていた、まさにその瞬間なのに……。源ちゃんは、お玉を手に持ったまま、ガスを全開にし、脇《わき》の方をにらんでいる。そんな彼の視線の先には何足かの紳士靴、婦人靴が揃《そろ》えてあった。

「若い女の人はほとんどフェラガモだね。確かにフェラガモはいい靴だけど、ちょっと作り過ぎだよね、最近。底んとこの革がうんと柔らかくなったから、歩いてると減るのはやいよ。ほら、そこにあるのがテストーニ。これはいいね。イタリアのブランドで一足買うとしたら牛革だったらテストーニだね、でもカンガルーは違うよ。カンガルーだったら……」

源ちゃんの関心は好物のつくね鍋からすでに靴へと移っていたわけだ。

あとがきに代えて

「亀谷《かめたに》さん、これはすべてサービス業のプロフェッショナルたちを書いたものです。今までモノ作りの職人について書かれた文章は多かったけれど、こういうのは初めてじゃないでしょうか。刀でも下駄《げた》でもあるいは鞄《かばん》でも職人たちの作ったモノは形として残ります。でも、サービス業の人たちの技術は記録しないと残りません。偉そうに言えば僕はサービス業のプロたちの技術を残したいと思ったんです」

「わかりました、野地さん。でも、僕がこれを本にしたいと思ったのはまったく別の観点からです。おっしゃる通りこれはサービス業のプロたちの話です。でも、全体を通してみると、ここに書かれているのは都市なんです。モノ作りの職人さんたちは山奥でもひとりで仕事をすることができます。けれど、こうしたサービス業の人たちって人が大勢集まる都市空間でないと存在できないでしょう。サービス業のプロを描くということは都市を描く、都市に住む人たちのセンスを表現することだと思いました。都市生活のセンスや粋《いき》について理屈っぽく、スノッブに書いた本はいくつもあります。けれど僕はどれも好きになれません。野地さんの書いたものを読んで、僕は都市の粋や格好よさはこう書けばいいんだ、と納得したんです」

『ダ・ヴィンチ』元編集長、亀谷誠氏からの申し出によりこの本はできました。右の会話にあるように亀谷氏は著者の私よりもはるかに深いものの見方ができる編集者でした。

その彼が最後の校正を終えた次の日に急逝されました。

私はどうしていいかわかりません。

ただ祈るだけです。魂よ、天涯の果てに静かに眠れ——と。

平成十一年二月二十七日

野地秩嘉

あとがきに続けて

プロフェッショナルな労働者についての文章を書いてから六年が過ぎた。その間に日本のプロフェッショナル事情は大きく変わっている。まずは、モノ作りの職人たちが激減していること。衣料品を中国で製造している「ユニクロ」を見ればわかるように、日本の職人たちが開発してきた手仕事の技術は賃金の安い中国、東南アジアへ移りつつある。つまり、シャツ作りやボタン付けの現役の達人は今や日本にいるのではなく、中国のどこかでその技を発揮しているのだ。そして、さらに三十年も経《た》てば、中国の産業構造も変化し、モノ作りの現役達人はアフリカに存在するようになっているかもしれない。

しかし、サービスの達人は違う。接客にせよ、調理にせよ、はたまた靴磨きにせよ、その職業がまるまる他国に移ってしまうことはありえないからだ。つまり、人が暮らしている限り、サービスの達人はこれからも日本に存在し続ける。また、ここに挙げた業種以外にもサービス業は無数にあるし、そのなかに、きらりと光る達人は必ずいる。そして彼らがいる限り、私の仕事が減ることはないと思っている。私はすべてのサービスの達人に対して心からの感謝を捧《ささ》げます。

平成十三年九月

野地秩嘉

取材にご協力いただいた方々。すみません、敬称を略させていただきます。

〈五十音順〉青江忠一、青山和子、飯島弘大、飯島佐知子、石原慎太郎、市村久男、市村将子、稲富孝一、稲富慶子、井上勝彦、井上源太郎、井上孝雄、大熊松蔵、大槻健二、小黒一三、笠原五夫、金子洋明、河竹登志夫、久世光彦、小石原昭、康芳夫、輿水精一、小林正仁、近藤博通、近藤典子、沢田弘美、島方信好、島田俊雄、島田正雄、ジェームズ・マッキュワン、ジェリー・ペレンチオ、ジャイアント馬場、鈴木廣、田中実、土田悌治、テリー伊藤、永島達司、錦織英雄、博多良祐、花田紀凱、浜田幸一、原田啓二、樋口玖、平井洋二、平野信一、福富太郎、布施昭利、森田一義、山村武雄、吉野寿男、リチャード・ハンデル、和田恒生

連載の時に相談に乗り、編集して下さった方々。どうもありがとうございました。また一緒にやらせてください。すみません、こちらも敬称を略させていただきます。

松井清人、柏原光太郎、桂木栄一、山口あゆみ、江部京子

あとがきの決定版

本書を書いたのは十数年前のことだ。単行本は大して売れなかったけれど、新潮OH！文庫になってからは版を重ね、毎年、着実に印税が入ってくる。そして、今度は新潮文庫になった。ありがたいことです。みなさんのおかげです。ほんとにありがとうございます。

読者からはたくさん手紙がくる。読後感よりも、「次はこのサービスの達人を取り上げろ」といった内容が多く、なかには「私が達人です」と店の地図まで同封してくる人もいる。また、本書のファンを自称する編集者のひとりは「野地さん、これ、いいっすねえ。こいつで行きましょう。サービスの達人みたいなやつをたくさん書いてください。一儲《ひともう》けしましょうよ」と電話してきた。実に安易な提案である。書くわけがない。

それにしても、有名人や成功者が登場するわけでもない地味なノンフィクションがどうしてロングセラーになったのか。

私は考えたすえに、ひとつの結論を出した。

それは本書が庶民の物語だからだ。庶民が主人公で、読んでいると、「こんな人生もいいいな」（自画自賛ですが）と思えてくるからではないか。

読者は本書に登場するセールスマンや靴磨きが真面目《まじめ》にコツコツ働くところに共感し、そして真面目に働く人間が最後に人生に満足する姿に自分を重ね合わせるのだろう。

世の中の不況は続いている。庶民は日々、厳しい現実と向き合い、戦わねばならない。しかし、庶民の手にある武器といえば「真面目さ」と「祈ること」しかない。働くこと、そして、じっと手を合わせて祈ることだけが彼らにとって頼りなのである。

その一方で、テレビには傲岸不遜《ごうがんふそん》な有名人や成功者が出てきて、庶民にはっぱをかける。有名人たちは「庶民はもっと働け、頑張れ」と叱咤《しった》する。そして、彼らの口調のなかには「頑張ればオレみたいに成功できるぞ」といった自慢がひそんでいる。

しかし、庶民は頑張りたくても頑張れない。なぜなら彼らは伸びきったゴムのように頑張って働いているから、それ以上、頑張ると、健康を害してしまい、生活ができなくなる。また彼らは老人になっても働かなくてはならないから、全力疾走したくてもできない。

私はそういう庶民のことを書いている。そういう庶民の代表である真面目な仕事をする人の魅力を紹介したいと考えている。このように、私があとがきで「庶民、庶民」と連呼しているのは何も選挙に立候補したいためでもなければ、庶民の味方だからでもない。それは庶民の物語が共感を呼ぶからだ。一般の人々はえらそうな人間にひそかに反感を持っている。傲岸不遜な有名人のことをいくら本に書いても売れないのである。つまりテレビはタダだから「ふん」と言いながら見ているけれど、本は金がかかる。だから、テレビは見ても本は買わない。庶民は庶民の物語を買い、庶民に心を寄せている、と私は思っている。

さて、長いあとがきで申し訳ありません。もうすぐ終わります。本書に出てきた人たちのその後の様子です。セールスマンの飯島さんは相変わらず車を売っている。しかし、ロールスロイスではない。靴磨きの源ちゃんはキャピトル東急が建て替えになったので、ホテルオークラで靴磨きをやっている。松の湯のいっちゃんは相変わらず番台にいて、電報配達の熊《くま》さんは悠々自適である。おかまの三人も本書にあるとおり、お島さんは亡《な》くなり、他のふたりは引退した。ウイスキーブレンダーの稲富さんは定年退職したあと、スコットランドでウイスキーの勉強に明け暮れている。そして、興行師の康《こう》さんは何をしているのかはわからないけれど、銀座や六本木の酒場で咆哮《ほうこう》している姿を見かける。また本書に出てくる店のなかには閉店したところもある。残念ではあるが、時の流れは仕方ない。十年という時間は物事を変えてしまう。

私は本書の後、新潮新書から「サービスの天才たち」を出した。それも売れた。そして来年（二〇〇九年）、十年ぶりに「サービスの達人たち」の続編を出す。ホテルのドアマン、染《し》み抜きの上手なクリーニング屋、焼き鳥屋の親父《おやじ》……、まさしくみんな庶民だ。今、私は彼らを取材している最中だ。

平成二十年九月

野　地　秩　嘉

解説

酒井順子

私がこの本を読んでいて考えさせられたのは、

「サービスとは、何なのだろうか？」

ということなのでした。

サービス業というと、生産業とか農林水産業以外のお仕事すべて、というイメージがあるものです。はたまた、

「サービスしますよ！」

とお店の人から言われれば、値引きとか、おまけをつけてくれるといったことを想像したりもする。

しかし、本書において達人達が提供するサービスというのは、何かもっと別のもの。ビジネスの場において、それぞれが生臭く孤立しがちな「物」と「人」と「お金」の間に、すっと浸透してきてそれらを繫《つな》いでいく液体のような気体のような、そんなし

なやかな存在を思わせるのです。

　また我々は、サービスと言うと、かならず商売絡《がら》みのものとして考えがちです。サービス＝無料、という概念も日本にはありますが、「いつか儲《もう》けるための布石として無料にしている」という感覚が、そこにはある。

　だからこそ、たとえば「家庭サービス」という言葉には、義務感がつきまとうのでしょう。サービスとは、「本当はやりたくないけど、仕方なくやらされるもの」という認識があるのではないか。

　この本を読んで私達がまず知るのは、そんな「サービス」の概念は間違えであるということなのでした。ロールスロイスを売る飯島さんにしても、ウイスキーをブレンドする稲富さんにしても、そして靴を磨く井上さんにしても、「そこまでやっているのか！」と驚くほど、自らの仕事に対して、深く思いを寄せている。しかし儲けるためとか出世するためにそうしているわけではなく、「そうせずにはいられないから」の行動なのです。

　技術としてのサービスを極めている人たちは、他にもたくさんいることでしょう。レストランにおいて、客が薬の袋を取り出した瞬間に氷の入っていない水のグラスを差し出すとか、旅館において、常連客には決して同じ料理は出さないといった、相手の心理を読んだり、データ管理をした上で行なうサービスを得意とする人は、日本にもうんといるに違いない。

しかし、おそらく日本人が本当に好きなのは、技術によるサービスではなく、「そうせずにはいられない」から行なわれるサービスなのだと思うのです。そしてこの本で取り上げられているのは、「そうせずにはいられない」からサービスをしている人ばかり。

たとえば、電報のベテラン配達マン。東京大空襲の時の、

「眠る暇なんてなかったね。僕たちはこの電報だけはどうしても届けなきゃならないって、ふんばって捜したよ。でも焼け落ちた小学校の壁に人間の形にすすがついてたり、道にまだ遺体があったり……。それでも配達したんだ」

という話を読めば、それが「そうせずにはいられなかった」からの行為であることがわかる。もちろん、

「俺は急いでいるんだという風情《ふぜい》を見せながら走らないと町の人たちが納得してくれないんだな。町の人のイメージに合わせた走りを要求されたわけで、のんびりペダルこいで、知り合いに挨拶《あいさつ》なんてしてちゃいけないんだ」という昭和三十年代の心持ちも、はたまた出前を終えたラーメン屋の店員や酒屋のご用聞きから自転車勝負を挑ま

れて受けて立ったのも、誇りがあるからこそ、「そうせずにはいられなかった」のではないか。

彼等のサービスはまた、ひたすらお客さんに低姿勢であり続けるという、土下座系サービスとも違うのです。磨き上がった靴を取りに来ない客に対しては厳しい気持ちを持つ井上さんのように、彼等は仕事に対する愛を、お客さんと共有したいのです。

サービスの達人達に共通しているのは、彼等は物や技術や売り上げを見ているだけでなく、人を見ているということでしょう。「チーフブレンダーの技と素顔」において、著者の野地さんは、

「『人間を観察し、人間を描く』のが私の仕事である。ところが、稲富はいつも山崎蒸溜所のブレンダー室のなかでウイスキーばかりを相手にしているにもかかわらず、その観察眼は私よりも何倍も鋭い。さらっとポイントをおさえた発言をする。生半可な人間観察力ではない」

と、書いておられます。稲富さんにせよ、他の皆さんにせよ、お客さんおよび仕事にかかわる全ての人達のことを観《み》る力を持っているからこそ、彼等は「達人」と呼ばれているのです。才能とか技術よりも、人を観る力こそが、サービス業においては最

も大切であるということが、よくわかります。

と、してみると。野地さんという書き手も、やはりサービスの達人なのではないかと、本書を読み終えてからふと、私は思ったのでした。人間を観る能力に長《た》け、仕事に対する深い愛を持つのが、サービスの達人。であるならば、この本を書いた野地さんもその一人なのではないか。

ルポルタージュといっても幅が広いものですが、野地さんがここで取り上げているのは、決して華やかな人でもなければ、劇的な人生を歩んだ人でもないし、そこには新聞に載るような大事件も勃発《ぼっぱつ》しません。ただ、コツコツと一つの仕事をやってきた人の人生が描かれているだけなのに、私達は一つ一つの短い話に、思わずじーんとしてしまう。

それというのも野地さんが、それぞれの達人のことが、本当に「好き」だからなのでしょう。野地さんは、時に取材相手達とともに食事をし、家を訪ね、家族とも話していています。好きな相手だからこそ、その人の普段の生活やバックボーンまでも、知りたくなってくるのではないか。

サービスの達人と野地さんの、もう一つの共通点。それはつまり、「好きになる能力」を持っていることなのです。何かを、そして誰かを好きになる能力は、全ての人が持っているものではありません。何かを真に好きになり、「好きだ」という気持ちを相手に上手に表明する才能というのは、限られた人にしか与えられていないもの。

野地さんは、この才能を豊かに持っている人なのです。単に情報を集めるための取材ではなく、はたまたスクープをものにするための取材でもなく、「好きだ」という気持ちを相手に伝えるための取材だからこそ、サービスの達人達も、胸襟《きょうきん》を開くのだと思います。

野地さんは、普通の人の目にはとまらない存在に気付き、好きになり、光を当てる人です。野地さんの筆によって取り上げられたことで、描かれた人達はきっと少しテレながらも、うれしい気持ちになることでしょう。そして読んでいる私達もまた、「こんな素敵な人がいたのか」、「こんな世界があったのか」と刺激を受けつつ、和やかな気持ちになることができる。そんな野地さんの仕事はまさに、取材対象と読者とを繋ぐ、サービス業と言うことができるのではないでしょうか。

社会の「闇《やみ》」をえぐり出すルポルタージュは数あれど、社会の「陰」に隠れている善良な人達を見いだすルポルタージュというのは、そうあるものではありません。

「世の中、そう捨てたものではない」

……と思わせてくれるこの本と野地さんの役割は、どうにも沈みがちな今の世の中において、あたたかな光を放ち続けるランプのような存在なのではないかと、私は思うのです。

（平成二十年九月、エッセイスト）

初出一覧

ロールスロイスを売り続ける男――「プレジデント」平成10年2月号
東京っ子が通う「並天丼」の魅力――書き下ろし
ナタリー・ウッドの背中を流したかった――「文藝春秋」平成7年9月号
チーフブレンダーの技と素顔――「サントリークォータリー」54号（平成9年春）
伝説のゲイバー、接客の真髄――「文藝春秋」平成6年11月号
命懸けで届けた被災地への電報――「文藝春秋」平成7年11月号
銀座より新宿を愛したナンバーワン・ホステス――「文藝春秋」平成8年2月号
「怪物」と呼ばれた興行師――書き下ろし
ヘップバーンも虜にした靴磨き――「文藝春秋」平成7年6月号

この作品は、平成十一年三月メディアファクトリーより刊行された『日本のおかま第一号』を改題、再構成して平成十三年十月新潮OH！文庫より刊行された。

沢木耕太郎著
人の砂漠

一体のミイラと英語まじりのノートを残して餓死した老女を探る「おばあさんが死んだ」等、社会の片隅に生きる人々をみつめたルポ。

沢木耕太郎著
バーボン・ストリート
講談社エッセイ賞受賞

ニュージャーナリズムの旗手が、バーボングラスを傾けながら贈るスポーツ、贅沢、賭け事、映画などについての珠玉のエッセイ15編。

沢木耕太郎著
深夜特急1
―香港・マカオ―

デリーからロンドンまで、乗合いバスで行こう――。26歳の〈私〉の、ユーラシア放浪が今始まった。いざ、遠路二万キロの彼方へ！

沢木耕太郎著
チェーン・スモーキング

古書店で、公衆電話で、深夜のタクシーで――同時代人の息遣いを伝えるエピソードの連鎖が、極上の短篇小説を思わせるエッセイ15篇。

沢木耕太郎著
彼らの流儀

男が砂漠に見たものは。大晦日の夜、女が迷ったのは……。彼と彼女たちの「生」全体を映し出す、一瞬の輝きを感知した33の物語。

沢木耕太郎著
檀

愛人との暮しを綴って逝った「火宅の人」檀一雄。その夫人への一年余に及ぶ取材が紡ぎ出す「作家の妻」30年の愛の痛みと真実。

最相葉月著
あのころの未来
—星新一の預言—

人類と科学の関係を問う星作品を読み解き、立ち止まって考える、科学と僕らのこれから。星新一の思想を知り想いを伝えるエッセイ。

最相葉月著
絶対音感
小学館ノンフィクション大賞受賞

それは天才音楽家に必須の能力なのか？　音楽を志す誰もが欲しがるその能力の謎を探り、音楽の本質に迫るノンフィクション。

佐野洋子著
ふつうがえらい

嘘のようなホントもあれば、嘘よりすごいホントもある。ドキッとするほど辛口で、涙がでるほど面白い、元気のでてくるエッセイ集。

佐野洋子著
がんばりません

気が強くて才能があって自己主張が過ぎる人。あの世まで持ち込みたい恥しいことが二つ以上ある人。そんな人のための辛口エッセイ集。

佐野洋子著
覚えていない

男と女の不思議、父母の思い出、子育てのこと。忘れてしまったことのなかにこそ人生があった。至言名言たっぷりのエッセイ集。

佐野洋子著
シズコさん

私はずっと母さんが嫌いだった。幼い頃からの母との愛憎、呆けた母との思いがけない和解。切なくて複雑な、母と娘の本当の物語。

養老孟司
宮崎駿 著

虫眼とアニ眼

「一緒にいるだけで分かり合っている」間柄の二人が、作品を通して自然と人間を考え、若者への思いを語る。カラーイラスト多数。

本田宗一郎著

俺の考え

「一番大事にしているのは技術ではない」技術のHONDAの創業者が、仕事と物作りのエッセンスを語る、爽やかな直言エッセイ。

伊丹十三著

ヨーロッパ退屈日記

この人が「随筆」を「エッセイ」に変えた。本書を読まずしてエッセイを語るなかれ。一九六五年、衝撃のデビュー作、待望の復刊！

伊丹十三著

女たちよ！

真っ当な大人になるにはどうしたらいいの？マッチの点け方から恋愛術まで、正しく、美しく、実用的な答えは、この名著のなかに。

伊丹十三著

再び女たちよ！

恋愛から、礼儀作法まで。切なく愉しい人生の諸問題。肩ひじ張らぬ洒落た態度があなたの気を楽にする。再読三読の傑作エッセイ。

伊丹十三著

日本世間噺大系

夫必読の生理座談会から八瀬童子の座談会まで、思わず膝を乗り出す世間噺を集大成。リアルで身につまされるエッセイも多数収録。

サービスの達人《たつじん》たち

新潮文庫　の－13－1

平成二十年十一月一日発行
平成二十三年三月二十日六刷

著者　野《の》地《じ》秩《つね》嘉《よし》

発行者　佐藤隆信

発行所　株式会社新潮社
郵便番号　一六二―八七一一
東京都新宿区矢来町七一
電話 編集部(〇三)三二六六―五四四〇
読者係(〇三)三二六六―五一一一
http://www.shinchosha.co.jp

価格はカバーに表示してあります。

乱丁・落丁本は、ご面倒ですが小社読者係宛ご送付ください。送料小社負担にてお取替えいたします。

印刷・株式会社三秀舎　製本・株式会社大進堂

ISBN978-4-10-136251-9 C0195